Erich Grasdorf
Peter Brunner

ZU TISCH MIT GOETHE

Rezepte aus der Zeit der deutschen Klassiker

Von Osten nach Westen
Zu Hause am besten

AT Verlag

Mit Dank an Umberto Haensler für die Hilfe, an José Ledesma für die Idee und an H. U. Weiss für die Leihgaben aus seiner Bibliotheca gastronomica in Zürich.

AT Verlag, Aarau/Schweiz
Fotos: Michael Ruetz
Illustrationen: Philipp Gasser, Basel
Satz, Lithos, Druck: Grafische Betriebe
Aargauer Tagblatt AG, Aarau
Bindearbeiten: Buchbinderei Burkhardt, Mönchaltorf
Printed in Switzerland

ISBN 3-85502-548-7

ZU TISCH MIT GOETHE

INHALT

ZU TISCH MIT GOETHE

«Der mitunter etwas Schlechtes schrieb, aber nie etwas Schlechtes ass» Franz Grillparzer

Über Goethe ist wohl alles, wirklich alles gedacht, gesagt und geschrieben worden. Bis auf dieses eine Buch. Es soll weder in der Bücherwand Staub fangen noch in der Bibliothek vergeblich auf Leser warten. Sondern seinen Platz in der Küche haben. Und das kann man bestimmt von keinem anderen Buch über den Dichterfürsten, Naturwissenschaftler und Chefbeamten sagen.

In Goethes Romanen finden sich immer wieder Szenen, in denen sich Personen zu Tisch setzen. Oder sich nach beendeter Mahlzeit erheben. So in den «Wahlverwandtschaften», in denen Charlotte und Eduard einen Gast namens Mittler empfangen: «Bald fanden sich die dreie im Saale zusammen; das Essen ward aufgetragen, und Mittler erzählte von seinen heutigen Thaten und Vorhaben.» Nachdem er das getan hat, steht auch die Mahlzeit kurz vor ihrem Ende: «Der Nachtisch war aufgetragen, als der Gast seine Wirte ernsthaft vermahnte, nicht weiter mit ihren Entdeckungen zurückzuhalten, weil er gleich nach dem Kaffee fort müsse.»

Auch in seinen Reiseberichten, Briefen und Tagebuchnotizen kommen immer wieder solche Szenen vor. Nur ist es dann eben Goethe selber, der sich eine Mahlzeit schmecken lässt. Oder den miserablen Wein beklagt. Oder die schlechte Verpflegung: «Am Essen haben wir uns nicht sehr erholt und hoffen, dass der Schlaf besser schmecken soll.» So in «Briefe aus der Schweiz». Doch nur ganz selten geht er genauer auf das ein, was ihm oder den handelnden Personen vorgesetzt wird. Meistens bleibt er im Unverbindlichen.

So auch bei seinem Besuch des Gotthard-Hospizes: «Wir wurden von einer ältlichen, aber rüstigen Frauensperson an der Thüre freundlich empfangen. Sie entschuldigte den Herrn Pater, welcher nach Mailand gegangen sei, jedoch diesen Abend wieder erwartet werde; alsdann sorgte sie aber ohne viel Worte zu machen für Bequemlichkeit und Bedürfnis. Eine warme geräumige Stube nahm uns auf; Brot, Käse und trinkbarer Wein wurden aufgesetzt, auch ein hinreichendes Abendessen versprochen.» Wie dieses Abendessen beschaffen war, steht in «Dichtung und Wahrheit» nirgends geschrieben. Nur soviel: «Unter solchen mannigfaltigen Gesprächen (mit dem inzwischen zurückgekehrten Pater) ging der Abend dahin …»

Aus L'Abbaye de Joux berichtet der Reisende in seinen «Briefen aus der Schweiz»: «Gegen vier Uhr langten wir in unserem Wirtshaus an, und fanden ein Essen, wovon uns die Wirtin versicherte, dass es um Mittag gut gewesen sei, aber auch übergar trefflich schmeckte.» Was da so verkocht war, wird dem Leser nicht verraten. Aus Palermo berichtet Goethe in seiner «Italienischen Reise»: «Hier war für uns beide gedeckt, und es fehlte nicht an einem sehr guten Mittagessen. Nach dem aufgetragenen Dessert trat der Abt herein, begleitet von seinen ältesten Mönchen …»

Dagegen ist die Passage aus dem Brief, der am 4. November 1779 abends gegen neun Uhr in Chamouni – also Chamonix – geschrieben wurde, etwas erhellender: «Wir sind hier in dem mittelsten Dorfe des Thales, Le Prieuré genannt, wohl logiert, in einem Hause, das eine Witwe, den vielen Fremden zu Ehren, vor einigen Jahren erbauen liess. Wir sitzen am Kamin und lassen uns den Muskatellerwein aus dem Vallée d'Aost, besser schmecken, als die Fastenspeisen, die uns aufgetischt werden.» Aber eben: solche konkreten Hinweise sind rar.

Wir wissen selten so recht, was sich im Glas und auf dem Teller befand, welchen Wein, welches Gericht Goethe lobt oder tadelt. Wenn wir heute trotzdem bis ins letzte darüber unterrichtet sind, was ihm schmeckte und wie er es mit dem Essen und Trinken hielt, dann aus zwei Gründen.

Da sind zum einen die Berichte seiner Begleiter und Besucher. So notiert Goethe während seiner dritten und letzten Schweizer Reise, nachdem er am 30. September 1797 mit dem Schiff von Brunnen nach Flüelen gefahren und von dort nach Altdorf gewandert ist: «In Altdorf angelangt logierten wir im schwarzen Löwen, bei Herrn Franz Maria Arnold. An den Zimmern waren artige Türschlösser, die man von aussen aufstösst und von innen aufzieht.» Und noch ein paar Sätze mehr. Aber nichts über die Bewirtung.

Am nächsten Morgen, einem Sonntag, geht es weiter: «Morgens früh Regenwolken, Nebel, Schnee auf den nächsten Gipfeln. Kühe wurden durchgetrieben. Die Leute trugen kleine hölzerne Gefässe, die Tiere einige Melkstühle; denn die Leute nähren sich unterwegs von der Milch. Höflicher Abschied vom Wirt, Schein wechselseitiger Zufriedenheit, Weltgleichnis.» Das brachte der Herr Minister nicht etwa selbst zu

Die Peterhofstatt, der Platz zwischen Lavaters Pfarrhaus und der Kirche St. Peter, in Zürich.

Auf seinen Schweizer Reisen 1775 und 1779 war Goethe Lavaters Gast in Zürich, wo dieser als Pfarrer von St. Peter wirkte. «Er ist der beste, grösste, weiseste, innigste aller sterblichen und unsterblichen Menschen, die ich kenne», schrieb Goethe im November 1779 aus Zürich.

Papier, das diktierte er seinem persönlichen Schreiber Ludwig Geist. Und nur aus dessen eigenem Tagebuch erfahren wir, was Franz Maria Arnold dem hohen Besuch vorsetzte: «Guten Fisch aus der Reuss, erst gebacken, dann mit einer sauren Sauce und dann gekocht mit Weinessig überschüttet, so dass man an diesen Tagen recht wohl das Fleischessen vermeiden kann; zum Nachtisch bringt man gewöhnlich eine gute Portion Backwerk, wozu ein gutes Glas Wein auch nicht übel schmeckt.» Der «gute Fisch aus der Reuss» wurde nicht etwa zuerst gebacken, danach gekocht und dann auch noch eingelegt, sondern es handelt sich um verschiedene Zubereitungsarten.

Dafür, wie es Goethe mit den Speisen und Getränken hielt, haben wir neben den Berichten seiner Zeitgenossen noch eine besonders ergiebige zweite Quelle: den Briefwechsel mit seiner Geliebten, Haushälterin, Mutter seiner Kinder und späteren Gattin Christiane Vulpius. Goethe, der von Weimar aus immer wieder auf Reisen ging – teils amtlich, teils privat – und sich oft nach Jena absetzte, um dort zu schreiben, mit Schiller und den in Jena lehrenden Professoren zu diskutieren oder ganz einfach seine Ruhe zu haben, tauschte sich mit seiner Frau brieflich dauernd über den Haushalt und den Garten sowie über das Essen und Trinken aus. Manchmal musste sie ihm schicken, was ihm fehlte: «recht gute französische Bouillon», «Kalbfüsse und Gelée, die nicht gar zu sauer wäre», «Froschkeulen» und dergleichen mehr.

Am 8. Januar 1796 schreibt er aus Jena, wo ihn das Essen praktisch immer «beinahe zur Verzweiflung» brachte: «Alle Morgen gehe ich spazieren und die Abende war ich bei Schillern. Nun bin ich auf drei Abende in die Stadt geladen, und damit geht die Zeit so hin ... Die Götzen kocht nicht übel, nur, weil sie im Ofen kocht, sind die Sachen wohl einmal rauchrigt. Vor einigen Tagen hatte ich Gäste, die mir meinen Keller ziemlich ausräumten. Dagegen hat Herr von Milkau mir wieder englisch Bier zukommen lassen. Lebe recht wohl. Der Presskopf und das Leberwürstchen dauert noch. Von Wein schicke mir etwas Werthheimer, aber kein Bier. Lebe wohl, grüsse Gusteln und behalte mich lieb.»

Tröstlich, dass auch Geistesriesen zuweilen nicht den besten Stil schreiben, wenn es um die Dinge des täglichen Lebens geht und der Adressat die eigene Frau ist. Sie antwortete in zum Teil abenteuerlicher, sächsisch-phonetischer Orthographie: «Erdisoken», «Willbers» und «Ganze» für Artischocken, Wildbret und Gänse. Die «drei Bouteillen Werthheimer und eine Rheinwein», die sie dem dürstenden Dichter postwendend mit den Botenweibern schickt, schreiben sich bei ihr «Budelgen». Wir haben Christianes Brief-Passagen jedoch so übernommen, wie sie von Hans Gerhard Gräf herausgegeben worden sind.

Manchmal sandte auch Goethe seiner Frau und dem Sohn August – dem einzigen überlebenden Kind – etwas nach Weimar. Dann bedankte sich der kleine Goethe zum Beispiel so: «Lieber Vater! Ich sage Ihnen vielen Dank für die vielen und schönen Kirschen und für das süsse Zuckerbrot, das ich diesen Morgen von Ihnen erhalten habe ...» Oder: «Ich bedanke mich vielmals für das Schächtelchen mit schönen Aprikosen, welches Sie mir am vorigen Sonnabende herübergeschickt haben. Sie waren sehr schön süss und wohlschmeckend, ich habe sie aber dennoch nicht alle an einem Tage verzehrt, sondern einen Theil davon habe ich am Sonntage zu meinem Frühstücke gegesen.» Ein anderes Mal bedankt sich August Goethe für «die schönen Weintrauben und die grossen Pfirsiche».

Für uns, die wir fast alles während des ganzen Jahres kaufen können, scheint die Zeit, in der manches so knapp war, unendlich fern. Und fast unverständlich, wie man sich gegenseitig kleine Geschenke in Fleisch, Gemüse und Obst machte, wie die Aufmerksamkeiten zwischen Weimar und Jena, zwischen Goethes, Schillers, Knebels und anderen ausgetauscht wurden. Selbst Charlotte von Stein beschenkte ihren Liebhaber mit Küchengütern, Goethe andererseits versorgte die Herzogin von Weimar von Italien aus mit Kaffeebohnen.

Als Kontrast dazu die verschwenderische Fülle, aus der die Köche für die grossen – und beileibe nicht alltäglichen – Gastmähler schöpften. Wilhelm Bode, der «Goethes Lebenskunst» untersucht hat, schreibt: «Da musste mancher Brief nach Hamburg, Bremen und Frankfurt gesandt werden, damit es an guten Gerichten nicht fehle: von Bremen kam der französische Wein, von Frankfurt der deutsche Wein und feines Gebäck, von Hamburg Schinken und Fische, und Freund Zelter schickte jedes Jahr Teltower Rübchen.»

Lauterbrunnental mit Staubbachfall.

Im Oktober 1779 berichtet Goethe an Charlotte von Stein: «Gegen zwölfe kamen wir in Untersewen an assen eine grosse Forelle (...) und fuhren auf einem engen Leiterwägelgen zusammen gepackt ab gingen aber bald zu Fuss durch das Thal bis nach Lauterbrunn.» Hier entsteht sein «Gesang der Geister über den Wassern».

Natürlich ging es im Briefwechsel zwischen dem Geheimrat und seiner Frau nicht nur um das, was auf den Teller und ins Glas kam. Einmal fragt der kleine August: «Hat der Herr Vater mir keinen Kuss geschrieben?» Oder Christiane schreibt: «Nun mein allerbester, superber, geliebter Schatz muss ich mich ein bisschen mit Dir unterhalten, sonsten will es gar nicht gehen. Erstens muss ich Dir sagen, dass ich Dich ganz höllisch lieb habe und heute ganz hasig bin, zweitens, dass ich am Montag meine Wäsche aufgeschoben habe wegen des übeln Wetters ...» Kein Wunder, dass bei solch intensivem schriftlichem Austausch «Goethes Briefwechsel mit seiner Frau» – inklusive der dazugelegten Brieflein des Sohnes – zwei Bände füllt. Entsprechend zahlreich sind die direkten Hinweise darauf, was Goethe ass und trank.

Allerdings: Der Briefwechsel hat Lücken. Oft hatte Christiane im Haushalt, in den Gärten und im Krautland so viel zu tun, dass ihr keine Zeit zum Schreiben blieb. Einmal mussten die Zimmer des weitläufigen Weimarer Hauses am Frauenplan gereinigt werden, dann gab es grosse Wäsche. Kleider waren herzurichten, Küche und Keller zu versorgen. Zu solchen Zeiten musste sich Goethe mit kurzen Mitteilungen auf Zetteln begnügen: «Mir (Christiane schrieb meistens ‹mir› statt ‹wir›) haben seit Montag gewaschen und getrocknet, und heute bügeln mir, und die Stähle glühen, da kann ich Dir nicht mehr schreiben. Leb wohl und behalte Deinen Haus-Schatz lieb.» Oder: «Gestern haben mir von früh bis um 9 Uhr des Abends immer nur Vorhänge gebügelt.»

Manchmal verfasste Christianes Bruder an ihrer Stelle eine Nachricht: «Ew. Excellenz soll ich, da meine Schwester eben nicht sehr geschwinde mit der Feder fortkömmt, schreiben, wie sie meint, dass es mit der Festlichkeit zu Rossla könne gehalten werden ...» Später, als Frau von Goethe, hatte sie Gesellschafterinnen, denen sie die Briefe diktieren konnte.

Doch aus welcher der beiden Haupt- und vielen Nebenquellen auch immer: Nur zum Teil werden Gerichte beim Namen genannt, so dass die Rezepte dazu mit Hilfe zeitgenössischer Kochbücher zu rekonstruieren sind. In anderen Fällen, wenn es zum Beispiel nur heisst, man habe die geschenkten Teltower Rübchen oder den frisch gestochenen Spargel zubereitet, muss man schon tiefer graben, um herauszufinden, welche die damals üblichen Zubereitungsarten für diese Gemüse waren. Und manchmal muss man sich in die wechselnden Zeitläufte und die Gegenden versetzen, in denen Goethe gelebt und die er bereist hat, um herauszufinden, wovon überhaupt die Rede ist.

So berichtet er in der «Italienischen Reise», dass südlich vom Brenner die Menschen ungesund aussähen: «Ich glaube die Ursache dieses krankhaften Zustandes in dem häufigen Gebrauch des türkischen und Heidekorns zu finden.» Aus dem, was dann folgt, geht hervor, dass die Tiroler gelbe und schwarze Polenta aus Mais und Buchweizen gegessen haben – so wie die Lombarden, Bündner und Tessiner auch. Der Grund für das schlechte Aussehen wird wohl gewesen sein, dass die Armen zuwenig abwechslungsreiche Kost hatten. Denn ansonsten ist Polenta ja sicher nicht ungesund.

Bei älteren Rezepten fehlen oft die Mengenangaben. Und wo Gewichte und Hohlmasse genannt werden, sind es nicht unsere heutigen. Wir haben also die Rezepte entsprechend überarbeitet. Und wo uns die Zusammensetzungen allzu gewagt erschienen, haben wir die Rezepte so angepasst, wie wir es für angemessen und richtig hielten. Mehr dazu im Rezeptteil.

Mit den Speisen und Getränken ist es wie mit der Mode und der Sprache: Es mag ja ganz lustig sein, hier die Zitate von Goethe und Zeitgenossen scheibchenweise zu konsumieren. Aber der «Werther», der «Wilhelm Meister» oder die «Wahlverwandtschaften» sind am Stück für uns heute doch ziemlich schwer verdaulich. Das liegt nicht an Goethe, das liegt nicht an uns, das liegt allein am Wandel der Zeit und damit auch an den Wandlungen, die unser Denken und damit die Sprache durchgemacht haben.

Weil wir nicht wollten, dass Ihnen die Gerichte in diesem Buch schwer aufliegen, haben wir sie – nur wo unbedingt nötig – für die heutige Zeit eingerichtet, ohne ihnen – wenn irgend möglich – etwas von ihrem Reiz zu nehmen. Denn wie am Anfang gesagt: Wir möchten, dass dieses Buch in der Küche benutzt wird. Und wir möchten Ihnen die Gelegenheit geben, original wie zu den grossen Zeiten der deutschen Klassiker zu kochen und zu tafeln.

Gasthof «Zum Engel» in Küssnacht.

Seinen letzten Blick auf den Vierwaldstättersee tat Goethe am 7. Oktober 1797 von Küssnacht aus, wo er mit Freund Heinrich Meyer im Gasthaus «Engel» speiste. «Nach Tische gingen wir ab und fanden einen sanften, in die Höhe steigenden, angenehmen Weg ...»

«Mich ergreift, ich weiss nicht wie, himmlisches Behagen.» Das ist Goethes Adaption der ersten Zeile eines Vaganten-Trinkliedes, das so beginnt: «Mihi est propositum in taberna mori.» Was in etwa heisst: «Mir wird es beschieden sein, am Wirtshaustisch zu sterben.» Solch ein Ende schien ihm wohl nicht erstrebenswert, und so mischte er bei seiner Umarbeitung des mittelalterlichen Sangesgutes recht viel Wasser in den starken Wein. Schauen wir uns also einmal an, wie es der Dichter und Denker mit den Getränken hielt – speziell mit den geistigen.

Bier trank er eher selten, wenn, dann am liebsten englisches. Hochprozentiges lief ihm so gut wie nie über die Zunge. Er stammte aus einer Gegend, in der Wein von Rhein und Main getrunken wurde, aus einer Gesellschaftsschicht, die den Wein bevorzugte und aus einer Familie, die den Wein wahrlich nicht verachtete. Das geht mütterlicherseits aus den Haushaltsbüchern seines Grossvaters, des Schöffen, Bürgermeisters und Schultheissen der Freien Reichsstadt Frankfurt, Johann Wolfgang Textor, hervor. Und väterlicherseits ist anzumerken, dass Goethes Grosseltern das «Gasthaus zum Weidenhof» an der Frankfurter Zeil betrieben. Was Goethes Eltern betrifft, so war deren Weinkeller immer gut sortiert und wohl bestückt. Kurz: Johann Wolfgang Goethe, der sich später «von» nennen durfte, war schon von Haus aus dem Wein nicht abgeneigt. Und er vertrug ihn – meistens – gut: Er mochte den Wein. Und der Wein mochte ihn. Von Holtei, einem seiner Besucher in späteren Jahren, stammt der Ausspruch: «Der Alte sprach viel und trank nicht wenig.» Und Wilhelm, einer der Brüder Grimm, vermerkte: «Er trank fleissig, besser noch die Frau.» Und so galten denn der Herr Minister und sein Gespons immer als wackere Trinker. Aber ein Säufer war er wohl nie.

Jedenfalls gibt es keinerlei Berichte von Zeitgenossen, die ihn so richtig betrunken gesehen hätten. Und angeheitert auch nur selten. 1816 allerdings berichtet er selbst in einem Brief an Dichterfreund Zelter, der auch kein Freund von vollen Gläsern war und sie deshalb rasch leerte, dass er sich bei einer abendlichen Diskussion «bestialisch» aufgeführt habe: «Glücklicher oder unglücklicher Weise hatte ich so viele Gläser Burgunder mehr als billig getrunken.» Das war eher die Ausnahme. In der Regel wusste er, was er sich zumuten konnte. Nur: Bei dem Mann, der so gern und oft zum Weinglas griff, handelt es sich nicht so sehr um den jungen Goethe, sondern vielmehr um den jenseits der Vierzig.

Doch der Reihe nach: Goethe hat bereits als Student mit den Kumpanen getrunken, und seine erste Liebe, die Leipziger Wirtstochter Kätchen Schönkopf, lernte er beim Wein kennen: «Was verlangt ihr?» fragte sie, nachdem sie auf freundliche Weise guten Abend geboten. «Die Magd ist krank und liegt zu Bette. Kann ich euch dienen?» «Es fehlt an Wein», sagte der eine, «wenn du ein paar Flaschen holtest, so wäre es sehr hübsch.» Was Kätchen dann auch hübsch tat. Und später für Johann Wolfgang noch einiges mehr. Nachzulesen in «Dichtung und Wahrheit». Doch der junge Mann hatte durchaus Phasen, in denen er zur Askese im allgemeinen und zur Abstinenz im besonderen neigte: «Der Weinstock ist der Universaltyrann, der ausgerottet werden sollte … zugleich Heuchler, Schmeichler und Gewaltsamer. Die ersten Züge seines Blutes munden euch, aber ein Tropfen lockt den andern unaufhaltsam nach.» Auch das in «Dichtung und Wahrheit».

Wenn ihm zu seiner Studentenzeit in Leipzig ein Bier oder später in Strassburg ein Wein nicht schmeckte oder auf den Magen schlug, konnte er gut darauf verzichten. Es war kein zwanghaftes Trinken. Als er dann aber nach Weimar übersiedelte, scheint er mit seinem Arbeitgeber, dem Herzog Karl August, ein paar Wochen Wirkungstrinken eingelegt zu haben. Hinter vorgehaltener Hand sagte man bei Hofe, wenn sich der Landesvater nächstens zu Tode saufe, sei das des jungen Frankfurter Doktors Schuld. Und Klopstock, laut Lavater der «erhabenste, muthigste, sanfteste und kühnste Dichter des Jahrhunderts», ermahnte Goethe brieflich: «Der Herzog wird, wenn er sich ferner bis zum krank werden betrinkt, anstatt, wie er sagt, seinen Körper dadurch zu stärken, erliegen und nicht lange leben.» Nun, so weit kam es nicht, die beiden Männer verlebten noch fünfzig Jahre mehr oder weniger Seite an Seite.

Goethe halbierte nach den ersten Weimarer Besäufnissen seinen Weinkonsum. Und verzichtete auch auf den Kaffee. Beide Massnahmen zusammen erklärte er zur «heilsamsten Diät». Und ohne drastisch

Schild des «Schwarzen Löwen» in Altdorf.
Zum Flecken Altdorf notiert Goethe am 30.9.1797: «Der Ort selbst mit seinen Umgebungen (...) ist schon stadtmässiger, und alle Gärten sind mit Mauern umgeben. Ein italienisches Wesen scheint durch, auch in der Bauart.»

reduzierten Weingenuss hätte er die immense Arbeit, die er als Staatsbeamter leistete, sicher nicht geschafft. Selbst als er bereits Minister war und viele Repräsentationspflichten hatte, verkniff er sich manchmal tagelang jeden Schluck Alkohol: «Wenn ich den Wein abschaffen könnte, wäre ich glücklich.» Fest steht, dass sich in den Werken aus der ersten Lebenshälfte kaum bis kein Lob des Weines findet. Mässigung war in jenen Jahren seine Botschaft – an die er sich selbst nicht immer hielt.

Dann bricht er klammheimlich zu seiner Italienreise auf, oder besser: aus. In einem Brief aus Vicenza an seine Geliebte, Frau von Stein, schreibt er: «Ich lebe sehr mässig, den roten Wein der Gegend, schon von Tirol her, kann ich nicht vertragen; ich trinke ihn mit viel Wasser, wie der heilige Ludwig.» Obwohl die einfachen Landweine der Alpensüdseite nie zu seinen Favoriten gehörten, spricht er ihnen, je länger er sich in Italien aufhält, um so eifriger zu.

Nach seiner Rückkehr aus dem Süden befindet er sich in mehrfacher Hinsicht in einer Identitäts- und Schaffenskrise. Frau von Stein fällt zudem auf, dass er sich geändert hat. Sie sagt, er sei «sinnlicher» geworden, was «materieller» meint. Er blieb zwar sein Leben lang fleissig, arbeitete zeitweise bis zur Erschöpfung, aber er bremste seinen Ehrgeiz, folgte mehr als vorher seinen Neigungen. Und plante in seine langen Tage immer ein paar Stunden an der Tafel ein – mit dem zweifelhaften Erfolg, dass er ziemlich in die Breite ging. Zudem nahm er sich eine junge Geliebte: Christiane Vulpius. Auch sie scheute die Arbeit nicht, war aber den Annehmlichkeiten des Lebens durchaus zugetan. Und zu diesen Annehmlichkeiten gehörte neben dem guten Essen mehr und mehr auch der Wein.

Wenn Goethe abwesend war und der Weinvorrat zur Neige ging, konnte sie in ihren Briefen bewegt klagen: «Vergiss nicht, an Zapff zu schreiben, denn itzo sehe ich erst, wie nothwendig der Wein ist, weil ich keinen habe. Mein Mägelchen thut mir gewaltig wehe, wenn ich keinen trinke.»

Der Tageskonsum des Hausherrn pendelte sich mit den Jahren bei ein bis anderthalb Flaschen Wein ein. Zuweilen wurden es mehr. Und als Gastgeber forderte der Herr Minister seine Besucher fleissig zum Mittrinken auf. Einer der Gründe, warum er den Wein relativ gut vertrug, war sicher, dass er ihn nur zu den Mahlzeiten trank. Und die waren ganz dazu angetan, Boden zu geben. Auf den Likör oder Schnaps zum Kaffee – und auch auf diesen selbst – verzichtete er ganz. Ein anderer Grund der Verträglichkeit ist bestimmt, dass die Weinhändler wie Zapff, Ramann und die Bremer Ratskellerei dem berühmtesten aller Zeitgenossen und ausgewiesenen Weinkenner keine der damals reichlich produzierten Säuerlinge und Rachenfeger schickten. Sondern nur ihre besten Flaschen.

Goethes Lieblingswein war der Würzburger. An Christiane schrieb er einmal: «Kein anderer Wein will mir schmecken, und ich bin verdriesslich, wenn mir mein Lieblingstrank abgeht.» An nächster Stelle auf der Beliebtheitsskala standen die Weissen von Rhein und Mosel sowie die Roten aus Frankreich, sowohl Burgunder wie Bordeaux. Auch Champagner trank er liebend gern. Aus einem späteren Brief an seine Frau: «Herr Raabe fährt nach Weimar, und es wäre mir angenehm, durch den rückkehrenden Kutscher einige Flaschen Wein zu erhalten, weil wir alles das Überschickte schon von der Erde weggetrunken haben. Künftighin muss ich mir einen grösseren Keller hier (in Jena) anlegen. Der vortreffliche Juvenil (gemeint ist der damals 21jährige Sohn August) versäumt auch nicht, seinen Theil von der hellen Sorte zu trinken, und so weiss man gar nicht, wo dieses Gewächs des Weinstocks alles hinkommt.»

Der Verfasser des «Faust» hat sich nicht gescheut, einige der damals so beliebten Trinklieder zu schreiben. Und bei passender Gelegenheit auch zu singen. Der Maler Ernst Förster schildert das so: «An einem Ende der Tafel wurde es unruhig; man räusperte sich, gab ein leichtes Zeichen am Glas, und ein vierstimmiger Gesang wurde angestimmt. Es gehörte die schöne Sitte, das Mahl mit Gesängen zu würzen, zu Goethes besonderen Tafelfreuden …»

Als man ihn einmal fragte, ob «Als Noah aus dem Kasten kam» von ihm stamme, winkte er ab. Aber er meinte, er habe sich in seinem Leben viel mit Noahs Getränk beschäftigt, und der Übervater aller Winzer habe die Menschheit von der Qual der Sorgen und Bedrängnisse befreit. Für Goethe war der Wein da, um die Stimmung zu heben. Er schrieb dem Alkohol niemals Tugenden zu, die er nun einmal nicht hat. Vielmehr äusserte er immer wieder, dass Wein der geistigen Arbeit nichts bringe, ihr ganz klar schade.

Frascati, Villa Aldobrandini.

«Eine herrliche, obgleich nicht unerwartete Aussicht ward uns aus den Fenstern der Villa des Fürsten Aldobrandini, der, gerade auf dem Lande gegenwärtig, uns freundlich einlud und uns in Gesellschaft seiner geistlichen und weltlichen Hausgenossen an einer gut besetzten Tafel festlich bewirtete.» So Goethes Bericht vom September 1787 in der «Italienischen Reise».

Auch dass der Wein dem Wohlbefinden nicht immer zuträglich ist, war ihm nur zu bewusst. Wer sich Goethe als einen Mann von unverwüstlicher Gesundheit vorstellt, liegt falsch. Er hatte keine robuste Natur, und hätte er ansonsten nicht einigermassen vernünftig gelebt, wäre die Zahl seiner diversen Erkrankungen und Schwächeanfälle wohl noch grösser gewesen. Zu seinen zahlreichen Leiden zählte die Gicht. Sie wurde durch reichlichen Weingenuss verschlimmert, wenn nicht hervorgerufen. Man weiss, woher manche seiner Unpässlichkeiten kamen: bei gewöhnlichen Sterblichen würde man von einem ausgewachsenen Kater sprechen.

Wie der Gatte hatte Christiane am «Zuviel des Guten» zu leiden. Und wie ihr Mann auf seine arbeitete sie auf ihre Weise Tag für Tag hart, oft bis an den Rand des Zusammenbruchs: Sie hatte nicht nur den eigentlichen Haushalt zu führen, sie musste sich auch um die Ländereien kümmern, und die gaben während neun von zwölf Monaten reichlich zu tun. Ihre tiefe Freude an der Natur, am Wechsel der Jahreszeiten, an den Pflanzen, Blumen und Bäumen hatte sie mit Goethe gemeinsam. Der Wein bot ihr Entspannung, Abschalten von den Pflichten und galt damals allgemein als Stärkungsmittel.

Goethes Verhältnis zum Wein war – so sehr er ihm auch zusprach – immer sehr zwiespältig. Er genoss ihn. Und wie gesagt, meistens vertrug er ihn gut. Aber der Genuss war nie ganz frei von Bedenken vor den Folgen. Vor allen Dingen dann, wenn er den Alkohol in falschen Händen glaubte. In seinem «Wilhelm Meister» zeichnet er einen Zukunftsstaat, in dem der Branntwein verboten ist. Seinem Sohn August schrieb Goethe nach Heidelberg, wo dieser studierte: «Wir leben nach unsrer alten Weise, still und fleissig, besonders auch was den Wein betrifft, wobei mir denn lieb ist, aus Deinem Briefe zu sehen, dass Du Dich auch vor diesem so sehr zur Gewohnheit gewordenen Getränk in acht nimmst, das mehr als man glaubt, einem besonnenen, heiteren und thätigen Leben entgegenwirkt.» Zelter hingegen, der in seinem Jahrzehnte umspannenden Briefwechsel mit Goethe immer wieder von ausgelassenen Gelagen berichtete, wurde nie zur Mässigung ermahnt. Es scheint, als hätte Goethe sehr wohl zu unterscheiden gewusst, welche Menschen mit Alkohol umzugehen verstanden und welche nicht. Die sanfte Mahnung an seinen Sohn hat – zumindest auf lange Sicht – nichts genutzt. Der als Kind so herzlich geliebte August starb mit vierzig Jahren in Rom – man kann sagen, auf der Flucht vor dem alles dominierenden Vater. August von Goethe hat sich zu Tode getrunken.

In den sechzehn Jahren, die ihm nach Christianes Tod noch verblieben, war Goethe manchmal morgens schon recht emsig. Am 27. August 1818 fand ihn sein Arzt bereits beim Frühstück hinter der Flasche. Auf den Hinweis, dass er doch erst folgenden Tages Geburtstag habe, antwortete er, dann habe er sich heute eben umsonst besoffen. Auch in seinen allerletzten paar Lebensjahren – er wurde immerhin 83 Jahre alt, was damals ein respektables Alter war – blieb er bei seinem

Glas Madeira zum Frühstück, seiner Flasche leichtem Frankenwein zum späten Mittagessen, dem Gläschen Dessertwein namens Tinto di Rota zum Nachtisch. Doch den feierabendlichen Punsch und auch den geliebten Champagner gewöhnte er sich immer mehr ab. Und das, obwohl ihm sein Arzt eher dazu riet, seine Gewohnheiten nicht zu ändern. Am Morgen seines Todestages verlangte er Wein mit Wasser vermischt zu trinken. Und er fragte besorgt: «Es wird doch nicht zu viel Wein darunter sein?»

Aus all dem geht hervor, dass Goethe – wie schon Vater und Grossvater – sehr viel Geld für Wein ausgegeben hat. Er war ein wohlhabender Mann. Seine Eltern hinterliessen im viel. Und er verdiente nicht wenig: sowohl als hoher Beamter – lange Zeit als Geheimrat, zuletzt im Range eines Staatsministers – wie auch als Autor von Romanen, Reiseberichten und Dramen. Er beklagte sich zwar oft darüber, dass das Schreiben wenig einbringe, doch letzten Endes sorgte er immer dafür, dass angemessene Honorare hereinkamen. Aber er hatte auch hohe Ausgaben: für seine vielen Reisen, für die Kuraufenthalte in exklusiven Badeorten, für seine Sammlungen von Kunstgegenständen und naturwissenschaftlichen Raritäten. Er führte ein grosses, gastfreies Haus, war sechs Jahre lang Besitzer eines Rittergutes, das der Familie als Sommerfrische diente. Und schliesslich: Seine Frau war kein Ausbund an Sparsamkeit. Und seine Schwiegertochter Ottilie, mit der er nach dem Tode von Frau Christiane und Sohn August im gleichen Haushalt lebte, war zeitlebens eine ausgesprochene Verschwenderin.

Schloss Schönhof bei Karlsbad.

Neben Italien und der Schweiz war Böhmen ein bevorzugtes Reiseziel Goethes. Seine Aufenthalte in Karlsbad, Teplitz, Franzensbad und Marienbad dienten der Wiederherstellung oder Festigung seiner stets angegriffenen Gesundheit. Am 4. und 5. August 1810 war Goethe auf seinem Weg von Karlsbad nach Teplitz Gast des Grafen Johann Rudolf Czernin von Chudenitz auf Schloss Schönhof.

Bei den Gebrüdern Ramann in Erfurt, die fast alle Geistesgrössen der damaligen Zeit mit Wein belieferten, stand Goethe 1830 mit 500 Talern in der Kreide. Ein Jahr später waren davon erst 200 Taler beglichen. Zum Vergleich: Goethes höchstes Jahresgehalt als erster Minister eines Grossherzogtums betrug 3000 Taler. «Einen Parvenü wie mich konnte nur die entschiedenste Uneigennützigkeit aufrecht erhalten», sagte er im Alter zu seinen Freunden Riemer und von Müller. «Ich hatte von vielen Seiten Abmahnungen zum Gegenteil, aber ich habe meinen schriftstellerischen Erwerb und zwei Drittel meines väterlichen Vermögens hier zugesetzt und erst mit 1200 Thalern, dann mit 1800 Thalern bis 1815 gedient.» Und der getreue Eckermann hat noch später – 1829 – diesen Ausspruch notiert: «Eine halbe Million meines Privatvermögens ist durch meine Hände gegangen, nicht allein das ganze Vermögen meines Vaters, sondern auch mein Gehalt und mein bedeutendes litterarisches Einkommen seit mehr als fünfzig Jahren.» Das darf man glauben, denn Goethe hat zeit seines Lebens sorgfältig Buch geführt. Als er 1814 in Heidelberg bei Sulpiz Boiserée zu Gast war, wunderte sich der darüber, dass Goethe seinen Diener jeden Abend zu sich bat, um die Ausgaben des Tages abzurechnen. Goethe dazu: «Wenn die Prosa abgethan ist, kann die Poesie um so lustiger gedeihen. Man muss sich das Unangenehme vom Halse schaffen, um angenehm leben zu können, und der Schlaf bekommt uns um so besser.»

Und so wissen wir denn heute ganz genau, was der noch ledige Goethe zum Beispiel für Göttinger Wurst ausgegeben hat. Doch damit sind wir endgültig beim nächsten Kapitel.

Als die siebzehnjährige Anna Margaretha Justina Lindheimer 1727 den Johann Wolfgang Textor heiratete, brachte sie einen in braunes Leder gebundenen Quartband mit in die Ehe: ein Haus- und Kochbuch. Es war 1724 für das Mädchen angelegt worden und enthielt auf über hundert Seiten eine Fülle handgeschriebener Rezepte. Vom «Capaun in Gelee» und einem «Guten Persico auf frantzösische Manier» bis «Krebsaustern». Der Rezeptteil enthielt auch Anweisungen zum Seifensieden und für ein «Herrlich Wasser zu Waschen». Die an diesen Teil anschliessenden vielen leeren Seiten füllte Goethes Grossvater eigenhändig. Zum Beispiel mit einer Rezeptur für das «Kayserliche Haubt- und Magen-Pulver». Alles was Küche, Keller und Garten betrifft, ist in diesem Buch festgehalten: Nichts blieb dem Zufall überlassen, alles wurde geprüft, bewertet.

Genau so wurde es auch in Goethes Elternhaus am Frankfurter Hirschengraben gehalten. Der versponnene und pingelige Herr Rat Goethe führte ein «Liber domesticus», ein Ausgabenbuch. Es zeigt, dass zwar alles sorgfältig überlegt, aber schliesslich doch grosszügig eingekauft wurde. Man liess sich aus der Ferne mit Spezialitäten versorgen: Göttinger Wurst, Holländischer Käse, Genueser Rosenzucker, Oberräder Kuchen sowie Zuckerhüte, Kandis, Brenten, Waffeln, Konfekt und Schokolade. Jedes Jahr liess ein Schwein sein Leben für die Goethes, Gänse und Rindfleisch wurden geräuchert und gepökelt, zentnerweise Butter geklärt. Um den

Weimar, Goethes Gartenhaus.
Goethe bezog das Gartenhaus, ein Geschenk von Herzog Carl August, als sein erstes eigenes Weimarer Quartier am 21. April 1776. Gut fünfzig Jahre später, als er ein letztes Mal hier wohnte, bemerkt er rückblickend: «Wir haben hier in diesem Gartenhäuschen tüchtige Jahre verlebt; und weil es denn mit uns sich auch dem Abschlusse nähert, so mag sich die Schlange in den Schwanz beissen, damit es ende, wo es begonnen.» (Karl v. Holtei: «Vierzig Jahre»)

Wein kümmerte sich der Herr Rat selbst, die normalen Einkäufe für Küche und Haushalt besorgte die lebensfrohe und praktische Rätin gemeinsam mit der Köchin. Lieferanten waren die Guaitas und die Brentanos, die Behagels und die d'Orvilles. Der Kaffee wurde von Andreae geliefert, der Tee von einer «Tante» Melber. Fleisch und Würste kaufte man, wie alle Frankfurter Familien, im alten Metzgerviertel in der Nähe des Doms. Für die «Bestreitung der Oekonomie» standen Goethes Mutter jährlich bis zu 780 Gulden zur Verfügung. Wiederum ein Vergleich: Francesco Antonio Bustelli, der begnadete Modelleur der Nymphenburger Porzellanmanufaktur verdiente im Monat so viel – oder so wenig – wie der Herr Rat seiner Frau Rätin als Extragroschen zugestand, als es einmal ein «Schmäusgen» mit Freunden zu finanzieren galt: 48 Gulden. Oder anders: Goethes Eltern gaben allein für die täglichen Einkäufe wesentlich mehr aus, als Bustelli verdiente. Und der war schon kein Minderbemittelter.

Goethe lebte als Kind und Jugendlicher in einem Haus, in dem man zu leben verstand und in dem er die leiblichen Genüsse richtig zu werten und zum Beispiel eine gut zubereitete Speise schätzen lernte. Während der französischen Besetzung Frankfurts machten die Geschwister die Bekanntschaft neuer Köstlichkeiten. Bei Goethes war der Graf Thorane einquartiert, was dem Vater überhaupt nicht behagte. Und das, obwohl der Graf sich einwandfrei benahm und sogar die neuen Tapeten schonte, indem er darauf verzichtete, seine Landkarten an die Wand zu nageln: «Des Vaters üble

Laune nahm zu, er konnte sich nicht in das Unvermeidliche fügen. Wie sehr quälte er sich, die Mutter und den Gevatter, die Rathsherren, alle seine Freunde, nur um den Grafen los zu werden», berichtet Goethe in «Dichtung und Wahrheit». «Dagegen wurde uns Kindern reichlich vom Nachtische mitgeteilt. Bei dieser Gelegenheit muss ich, um von der Unschuld jener Zeiten einen Begriff zu geben, anführen, dass die Mutter uns eines Tages höchlich betrübte, indem sie das Gefrorene, das man uns von der Tafel sendete, weggoss, weil es ihr unmöglich vorkam, dass der Magen ein wahrhaftes Eis, wenn es auch noch so durchzuckert sei, vertragen könne. Ausser diesen Leckereien, die wir denn doch allmählich ganz gut geniessen und vertragen lernten, deuchte es uns Kindern auch noch gar behaglich, von genauen Lehrstunden und strenger Zucht einigermassen entbunden zu sein.» Das kann man gut nachfühlen.

In seinen Studentenjahren ging es Goethe wie vielen jungen Leuten: das Essen hatte für ihn keine grosse Bedeutung. Aber wir wissen, dass ihn seine Mutter von Frankfurt weiterhin mit speziellen Esswaren versorgte. Jahr für Jahr schickte sie ihrem Sohn zu Weihnachten «Frankfurter Confekt» aus Marzipan, unterm Jahr auch echten Frankfurter Schwartenmagen und nicht zuletzt die «geräucherten Bratwürstchen»: nichts anderes als unsere heutigen Frankfurter Würstchen. Das übrigens noch, als der «Hätschelhans» schon lange kein Student mehr, sondern bereits Staatsminister in Weimar war und zuerst von Frau von Stein und später von Christiane Vulpius bestens versorgt wurde.

Doch fiel es Goethe zeit seines Lebens auch nie schwer, sich einzuschränken, wenn es die Umstände erforderten. Als er in den ersten Weimarer Jahren noch im Gartenhaus wohnte, genügte ihm oft ein von seinem «Majordomus» Philipp Seidel gebackener Eierkuchen. Und auf seiner Italienreise lebte er tagelang von Früchten. Noch nördlich der Alpen notiert er: «Das Obst ist nicht sonderlich: gute Birnen habe ich gespeist, aber ich sehne mich nach Trauben und Feigen.» In Trento bessert sich die Versorgungslage: «Auf dem Platze sassen Obstweiber mit runden, flachen Körben, über vier Fuss im Durchmesser, worin die Pfirsichen nebeneinanderlagen, dass sie sich nicht drücken sollten. Ebenso die Birnen.» Zwischenbericht aus Verona: «Auf den Plätzen ist es an Markttagen sehr voll: Gemüse und Früchte unübersehlich, Knoblauch und Zwiebeln nach Herzenslust. Übrigens schreien, schäkern, und singen sie den ganzen Tag, werfen und balgen sich, jauchzen und lachen unaufhörlich. Die milde Luft, die wohlfeile Nahrung lässt sie leicht leben.» In Rom, später in Neapel und auf Sizilien schwelgt er dann in Trauben, Birnen und Feigen, die er meistens irgendwo auf der Strasse kauft und auch unter freiem Himmel verzehrt.

Zudem verschrieb er sich selbst immer wieder Diätkuren. Manchmal der Gesundheit zuliebe, manchmal um seine Produktivität zu erhöhen. So hielt er es bis ins hohe Alter. Der Autor des «Siebenkäs», Jean Paul, notierte 1798: «Goethe sagt, er könne sechs Monate seine Arbeit voraussagen, weil er sich zu einer solchen Stimmung durch geschickte leibliche Diät vorbereite.»

Weimar, Übergang vom Park an der Ilm zur Stadt.
Verliess Goethe morgens sein Gartenhaus in Richtung Stadt, so sah er links das Haus der Steins (nicht im Bild), in der Mitte das «Landschaftshaus», die Wohnung der herzoglichen Familie nach dem Schlossbrand 1774 bis 1803, und ganz rechts die Bibliothek mit dem in den Bau einbezogenen Stadtturm.

Das ändert aber nichts daran, dass Goethe, wenn er zu Hause in Weimar war, immer jemanden hatte, der sich um sein leibliches Wohl kümmerte. Zuerst war es Philipp Seidel – schon in Frankfurt sein Diener und Sekretär –, der dieses Amt innehatte. Man nannte ihn Goethes «völlige Haushälterin». Ihm unterstellt waren später zwei Diener, eine Wirtschafterin sowie Dorthe Wagenknecht, die bis 1789 Goethes Köchin blieb. Also bis zur Rückkehr des Hausherrn aus Italien, seiner Verbindung mit Christiane Vulpius und der Geburt von August. Danach veränderte sich im Hause Goethe sowieso einiges.

Von Seidel wissen wir, dass er Anfang der achtziger Jahre 500 Taler per annum für Küche und Keller ausgeben konnte. Der Taler hatte 24 Groschen, der Groschen zwölf Pfennige. Für zwei Groschen bekam man ein Pfund (500 g) Fleisch, für sechs, sieben Groschen ein Schock (60 Stück) Eier. Die Köchin verdiente 24 Taler pro Jahr. Goethes Jahresgehalt betrug zu der Zeit 1400 Taler – ohne seine Nebeneinkünfte.

Vom Kulinarischen her gesehen, beginnt die interessanteste Zeit so richtig erst mit dem Auftritt von Christiane. Eine Schilderung der Malerin Luise Seidler aus dem Jahr 1810: «Beim Mittagessen war Goethe mit Riemer, Meyer und anderen Gästen, deren Zahl jedoch nie acht überstieg, sehr heiter. Man speiste im kleinen Zimmer, dessen Wände mit Handzeichnungen berühmter alter Meister geschmückt waren; das Mahl war stets von gediegener Einfachheit, das Getränk trefflicher Burgunder. Beim Dessert entfernten sich die Damen, ‹die lustigen Damen von Weimar›, wie Goethe sie scherzend nannte, um spazieren zu fahren.» Christiane hatte damals eine Gesellschafterin, das Fräulein Ulrich. Doch Frauen wurden nur selten zu Tisch gebeten, Luise Seidler war eine der Ausnahmen. «Unter interessanten Gesprächen kam unmerklich der Abend herbei, der neue Genüsse brachte, da man gewöhnlich ins Theater fuhr. Der Dichter hatte damals eine geschlossene Parterreloge unterhalb der herrschaftlichen. In den Zwischenakten wurde kalte Küche serviert, auch der Burgunder fehlte nicht.»

«Er war ungemein splendid; Gänseleberpastete, Hasen und dergleichen Gerichte», schrieb Wilhelm Grimm 1809. Goethe führte eine gastfreundliche Tafel. Und das änderte sich auch in all den Jahren nach dem Tod seiner Frau Christiane kaum – er wurde womöglich noch spendabler. Alle seine Gäste bezeugen, dass man bei ihm hervorragend ass. Und einige berichten, dass sie bei Goethe Speisen vorgesetzt bekamen, die sie nicht kannten: Kaviar beispielsweise. Johann Christian Schuchart schrieb: «Als Artischocken aufgetragen wurden, mochte er wohl merken, dass ich über die Behandlungsweise derselben verlegen war, und er belehrte mich, wie sie zu essen seien.» Andere Gäste bewunderten, wie geschickt er mit dem Tranchiermesser umgehen konnte.

Ernst Förster, der mehrmals zu Gast war, notierte, was auf den Tisch kam: «Es gab ausser der Suppe gewöhnlich drei, höchstens vier Schüsseln: Fleisch mit Gemüse (er ass sehr gern ein nach italienischer Art zubereitetes Stufato), dann gab es Fisch (Forellen liebte er zumeist), Braten (zumeist Geflügel oder Wild) und, wie er erklärte: Wegen der Damen eine Mehlspeise (Carlsbader Strudl). Er selbst zog der süssen Speise ein Stück englischen oder Schweizer Käse vor.» Der Text zeigt, dass es eine eigentliche Speisenfolge, so wie wir sie heute in einem mehrgängigen Menü kennen, in dieser ausgeprägten Art noch nicht gab: der Hauptgang bestand aus mehreren Gerichten, die gleichzeitig aufgetragen wurden. Um Förster zu ergänzen: Zu Goethes Lieblingsspeisen gehörten ferner kaltes Rebhuhn sowie Spargel und Blumenkohl.

Für solche Genüsse sorgten Köchinnen, wie die «Höpfnerin», die seit 1803 in Goethes Haushalt die Küche besorgte. Sie kam einmal mit nach Jena, um dort für Goethe zu kochen, als er die ewigen Eierkuchen und schlechten Salate seiner Aufwärterin, der Schlosskastellanin Trabitius, nicht mehr ertrug. Die Köchin Höpfner, die er sehr lobte, blieb bis 1816, Christianes Todesjahr. Erst in den späten Jahren wurde ein Koch beschäftigt. Bei der Auswahl der Köchinnen hatte er – oder Christiane – allerdings nicht immer eine glückliche Hand, was aus dem Zeugnis hervorgeht, das er einer von ihnen ausstellte: «Charlotte Hoyer hat zwei Jahre in meinem Hause gedient. Für eine Köchin kann sie gelten, und ist zu Zeiten folgsam, höflich, sogar einschmeichelnd. Allein durch die Ungleichheit ihres Betragens hat sie sich zuletzt ganz unerträglich gemacht. Gewöhnlich beliebt es ihr nur nach eigenem Willen zu handeln und zu kochen; sie zeigt sich wider-

Weimar, Eingang zum Haus der Familie von Stein.
Am 7. November 1775 war Goethe in Weimar eingetroffen, etwa vier Tage später lernte er Charlotte von Stein kennen, die Frau des herzoglichen Oberstallmeisters, sieben Jahre älter als er und Mutter von sieben Kindern, von denen aber nur drei überlebt hatten. Einige Monate zuvor schon hatte er ihre Silhouette gesehen und enthusiastisch geäussert: «Es wäre ein herrliches Schauspiel, zu sehen, wie die Welt sich in dieser Seele spiegelt.»

spenstig, zudringlich, grob, und sucht diejenigen, die ihr zu befehlen haben, auf alle Weise zu ermüden. Unruhig und tückisch verhetzt sie alle Mitdienenden und macht ihnen, wenn sie nicht zu ihr halten, das Leben sauer. Ausser anderen verwandten Untugenden hat sie noch die, dass sie an den Thüren horcht.»

Goethe seinerseits wird von einer anderen Köchin ein gutes Zeugnis ausgestellt. Zuerst einmal lobt ihn Henriette Hunger, Köchin beim Verleger Frommann in Jena, dafür, dass er es ihr nicht übelgenommen hat, als sie ihn versehentlich mit einer Butte Wasser übergoss: «Den andern Morgen war Göhte wieder da und lachte. Göhte war nachdem in den botanischen Garten gezogen wolte aber nicht lange in Jena bleiben, weil Ihn das Essen aus den Speisehäusern nicht Schmeckte. Frommanns wolten Göhte gern für sich und Jena Erhalten … So kochte ich ein halbes Jahr für den Grosen Mann zu danke. Göhte nahm sich gegen mich nicht als wäre ich Köchin sondern als wäre ich mehr. Wenn ich mit meinem Zettel kam, lag schon was Schönes da, anzusehen für mich.»

Nach Christianes Tod 1816 wurde die (Nach-) Mittagstafel endgültig zum festen Bestandteil im Tagesablauf. Den hielt der Witwer auch durch, wenn er nicht in Weimar war. 1828 hielt er sich einige Zeit auf der Dornburg auf. Von dort stammt die Notiz des Schlossvogtes Sckell: «Am Morgen nach der Ankunft Goethes in Dornburg erhielt er den Kaffee aus meiner Küche. Das Frühstück und Mittagessen wurde aus dem Ratskeller geholt. Beides behagte ihm nicht. Ich machte den Vorschlag, das Essen bei dem Gastwirt ‹Zum Schieferhof› in Naschhausen zu bestellen, aber auch hier war Goethe nicht zufrieden. Er trug seinem Sekretär auf, sich wegen der Beköstigung an mich zu wenden. Der Sekretär stellte mir das Unangenehme der Situation Goethes so lebhaft vor, dass ich mich endlich bereit erklärte, Goethes Tisch zu übernehmen. Ich sandte Boten auf die umliegenden Dörfer nach Geflügel, Fischen, Aalen und Wildpret. Meine Küche war bald bestellt, um die Zubereitung der Speise durch meine Frau, durfte ich ohne Sorge sein. Schon nach dem ersten Frühstück sagte Goethe: Das ist ein guter Anfang! und nach dem aus fünf Gängen bestehenden Mittagessen kam er selbst zu mir und meiner Frau, klopfte mich auf die Achsel und erklärte: ‹Fahren Sie so fort, guter Freund! Auf diese Art werden Sie mich aber so bald nicht los werden.› Um 11 Uhr stellte sich in der Regel Besuch bei Goethe ein, so dass ich fast täglich sechs bis zehn Personen zum Mittagstisch hatte. Die Tafel begann gewöhnlich um halb 2 Uhr und dauerte bis 4 Uhr. Die Fremden reisten dann sofort ab. Goethe begab sich in den Garten, blieb dort bis halb 6 Uhr, ass darauf stets eine Franzsemmel und trank ein Viertel Moselwein. Von da an blieb er auf seinem Zimmer oder ging bei schöner Witterung wiederholt einige Male im Garten auf und ab. Sitzend habe ich ihn dort nie angetroffen. Auf diese Weise lebte er sehr mässig und in einer bestimmt vorgezeichneten Ordnung.»

Auf der Dornburg hatte es Goethe auch mit Johann Friedrich Rochlitz zu tun. Der schilderte in einem Brief, was ihm Goethe gleich zu Beginn auftrug: «Früh», sagte er, «fange ich an, mich alt zu fühlen, und muss mich sammeln und nach und nach in Gang bringen. Dazu bedarf ich der Einsamkeit. Nun ordne ich ein für allemal an, dass, wer und was zu mir will, auf die Zeit bis gegen 12 Uhr verwiesen werde. Von da bis 2 Uhr bin ich einzig für Sie da, und in diesen besten Stunden beschäftigen wir uns bloss mit Gegenständen und über Gegenstände, die uns beiden zu den wichtigsten unseres Daseins und Wesens gehören. Nach zwei Uhr gehen wir zu Tisch und Sie finden da nie mehr als höchstens noch sechs Personen ... Bleibt die Unterhaltung geistvoll und belebt: so sitzen wir lange; wo nicht, so gehen wir an Kunstsachen, machen Musik oder dergleichen.» Die beiden Schilderungen sind zwar nicht ganz deckungsgleich, zeigen aber, in welch starrem Zeitraster Goethe lebte, und wie wichtig in dieser Ordnung das Mittagsmahl war.

Wie ein grosses Essen mit Gästen in Weimar ablief, hat Thomas Mann akribisch recherchiert und in «Lotte in Weimar» geschildert. Fast fünfzig Jahre nach dem letzten Adieu von Wetzlar kommt eines Tages mit einer erwachsenen Tochter die verwitwete Hofrätin Kestner, geborene Buff, aus Hannover in Weimar an: Lotte, eine jener verklärten Gestalten aus Goethes Jugend, aus dem «Werther» allen Lesern vertraut, wagt es quasi als ihr eigenes Gespenst aus der Versenkung aufzutauchen. Der gichtkranke Goethe verschiebt dieses ihm äusserst peinliche Wiedersehen so lange er kann. Schliesslich macht Lotte dann aber doch noch

Der Eingang zu Goethes Empfangsräumen im Haus am Frauenplan.

Fünfzig Jahre lang wohnte Goethe mit einigen Unterbrechungen im Haus am Frauenplan, das ihm Herzog Carl August wie zuvor schon das Gartenhaus 1792 zum Geschenk gemacht hatte. Goethes Haus war stets gastlich, und er selbst galt längst als attraktivste Weimarer Sehenswürdigkeit. Besucher kamen aus dem In- und Ausland, Wissenschaftler sprachen vor, Künstler und Schriftsteller.

«eine neue Bekanntschaft mit einem alten Manne, welcher, wenn ich nicht wüsste, dass es Goethe wäre, und auch dennoch, keinen angenehmen Eindruck auf mich gemacht hat.»

Andere Besucher, die extra seinetwegen nach Weimar kommen, ihm aber aus irgendwelchen Gründen nicht liegen, lässt Goethe völlig ins Leere laufen. Heinrich Heine zum Beispiel wird gerade einmal zu einem kurzen Gespräch empfangen. Goethes Tafel sieht er nie. Kaum zwei Jahre nach Heines kurzem Aufenthalt besucht Franz Grillparzer den greisen Minister, der ihn zuerst ebenfalls mit steifer Würde begrüsst. Doch kurz darauf wird der österreichische Dichter zum Mittagsmahl im grösseren Kreise geladen. Und da gibt sich Goethe so warm und herzlich, dass Grillparzer überwältigt in Tränen ausbricht. Wenn ihm jemand gefiel, wurde Goethe zum lebhaften Redner, und die Unterhaltung endete dann mit: «Pflege um zwei zu essen, würde mich freuen, wenn Sie unser Gast sein wollten.» Je älter Goethe wurde, um so weniger ass er zu Abend. Zwar liess er späten Besuchern – Eckermann, von Müller und anderen – ein Nachtessen auftischen. Aber er selber begnügte sich mit Mineralwasser, am liebsten Egerwasser, und vielleicht noch später mit einer leichten Suppe.

DIE REZEPTE

Eingeleitet durch ein Gespräch
des Kochs Peter Brunner mit dem Autor Erich Grasdorf

EG. Es steht weiter vorne nachzulesen: In Goethes Werken und Briefen sind nur sehr wenige direkte Hinweise darauf zu finden, wie die Speisen zubereitet wurden. Woher stammen denn die hier folgenden Rezepte?

PB. Glücklicherweise gibt es aus der Zeit Goethes verschiedene Kochbücher der bürgerlichen deutschen Küche, anhand derer man sich ein sehr gutes Bild der damaligen Kochtechnik machen kann. Durch Quervergleiche dieser Bücher habe ich aus Goethes Bemerkungen über das Essen Rezepte erarbeiten können, die einerseits eine Vorstellung des Standes der Kochkunst der Goethezeit vermitteln und die andererseits für den modernen Haushalt nachvollziehbar sind.

EG. Goethes Zeit: Sein Leben beginnt weit vor der Französischen Revolution und endet erst lange nach dem Wiener Kongress. Mit den ganzen napoleonischen Wirren dazwischen. Wie zeigt sich dieser Umbruch in der Küche?

PB. Meine Arbeit an diesem Buch wurde zu einer faszinierenden Entdeckungsreise durch eben diese Zeit. Denn in ihr liegt der eigentliche Beginn der bürgerlichen deutschen Küche. Und damit auch eine wichtige Wurzel unserer heutigen Küche.

EG. Aber die Rezepte in diesem Buch entsprechen ja wohl nicht dem, was in der breiten Bevölkerung auf den Tisch kam.

PB. Nein, gewiss nicht. Im allgemeinen ass man mit Sicherheit sehr viel einfacher und eintöniger. Aber es handelt sich auch nicht mehr – wie dies ältere Kochbücher noch dokumentieren – um die Küche der Fürsten und Könige. Es war die Küche des jungen prosperierenden Bürgertums, die Küche Goethes eben als ihres sicher berühmtesten Repräsentanten.

EG. Goethe selber hätte sich vielleicht etwas anders gesehen. Er hat einmal in etwa gesagt, wer aus einer der führenden Familien der Freien Reichsstadt Frankfurt stamme, gehöre auch ohne Adelstitel ganz nach oben. Aber bleiben wir einmal bei dieser Zeit des Wandels. Sie dient ja auch als Hintergrund für Tania Blixens Erzählung «Babettes Fest», die Geschichte der Kochkünstlerin, die als Kommunardin gegen jene kämpfte, die ihre Kunst als einzige zu schätzen wussten: die Adeligen.

PB. Babette kocht nach ihrer Flucht aus Frankreich nur noch einmal – im bürgerlichen Rahmen –, weniger der Gäste wegen, als um sich ein letztes Mal als (Koch-) Künstlerin zu verwirklichen. In Tat und Wahrheit aber blieb vieles von der Raffinesse der feudalistischen Küche erhalten. Und wurde auf die bürgerliche Küche übertragen. Am erstaunlichsten war für mich, mit welchem Aufwand gekocht wurde. Wenn man bedenkt, dass es nur Holzherde gab, dass Küchenmaschinen und Kühlschränke fehlten …

EG. … aber trotzdem Eis serviert wurde.

PB. Nicht nur das, da wurde püriert und passiert, leise geköchelt und kräftig gebraten. Und dabei wurde mir bewusst, wie wenige all dieser Arbeiten heute noch in der Küche stattfinden. Fleisch musste damals noch ausgebeint, Hühner mussten gerupft und ausgenommen, Fische geschuppt werden. Das Dörren und Einmachen war selbstverständliche Aufgabe der Hausfrau.

EG. Oder – im Falle des Hauses Goethe – des Gesindes.

PB. Sicher. Aber das macht den Aufwand nicht kleiner. Und in Christiane Vulpius' Briefen kann man ja nachlesen, wie diese Arbeiten alle in Trab hielten.

EG. Was mich fast noch mehr gewundert hat: Da gab es zu jener Zeit die Bauern, Landarbeiter und die minderbemittelten Städter, die nicht zum Bürgertum zählten, die sich mehr oder weniger von dem ernährten, was die Felder, Wälder und Gärten der näheren Umgebung hergaben. Und das waren die immer wieder gleichen Nahrungsmittel. Dagegen die Exklusivitäten, mit denen die grossbürgerlichen Tafeln glänzten. Im Haushaltsbuch von Goethes Grossvater Textor findet sich das Rezept, wie man Krebsaustern zubereitet: «Thue die Krebse lebendig auff, thue das Beste heraus, würtze sie mit Pfeffer und saltze sie, thue auch Butter darein und thue solche in Schalen von der Auster, setze sie auf einen Rost, schüre Feuer darunter, lass es eine Weile sieden, dass es ein Brühlein behält. So sind sie recht.» Es gibt sicher noch andere von diesem Kaliber.

PB. Das war für mich eine der überraschendsten Einsichten in jene Zeit. Obwohl das Pferdefuhrwerk praktisch das einzige Transportmittel war, gab es Artischocken, Feigen und Melonen, Kaviar und Gänsestopfleber. Die berühmten Teltower Rübchen reisten von Brandenburg in alle Teile Deutschlands. Und, wie wir gesehen haben, fehlten auch Austern auf meeresfernen süddeutschen Speisezetteln nicht.

EG. Zu den zu Rate gezogenen Kochbüchern: Unter den Autoren von damals ist der Kunsthistoriker Karl Friedrich von Rumohr wohl der wichtigste …

PB … nur dass sein Kochbuch gar keines ist. Der «Geist der Kochkunst» ist das bedeutendste gastronomische Werk deutscher Sprache bis heute. Es ist eine umfassende Kochkritik. Rumohr vermittelt darin mit vielen praktischen Hinweisen, was seiner Auffassung nach die Kochkunst ausmacht. Und diese Auffassung ist überaus modern und auch heute noch lesenswert. Denen, die sich der Kochkunst widmen wollen, rät er in der Einleitung: «Übrigens lese er mein Buch und nichts als mein Buch.»

EG. So etwas, wie ein deutscher Escoffier also. Dabei hat er sich erst spät als Autor zu erkennen gegeben. Denn in der ersten Ausgabe steht ein gewisser König als

Verfasser und Rumohr lediglich als Bearbeiter des Werkes. Der Witz: Der norddeutsche Edelmann und Verfasser einer umfangreichen Kunstgeschichte hat sich hinter dem Namen eines seiner Hausangestellten versteckt, so als schäme er sich seiner «Kochkunst».

PB. Rumohr hat es mir erlaubt, mich in die damalige Zeit hineinzuversetzen, wie der Briefwechsel zwischen Goethe und Christiane übrigens auch. Aber die Rezepte musste ich mir anderswo holen: aus den Kochbüchern jener Zeit. Diesen ist gemeinsam, dass sie auf genaue Mengenangaben, Kochzeiten und auf die Beschreibung der grundlegenden Kochtechniken verzichten. Diese Kenntnisse konnten offenbar vorausgesetzt werden.

EG. Das ganz im Gegensatz zu heute, wo alles genau beschrieben werden muss und sich die Rezeptgläubigen scheuen, die vielleicht gerade nicht erhältlichen Schalotten einfach durch Zwiebeln zu ersetzen.

PB. Oder den vorgeschriebenen Kerbel durch Petersilie. Für dieses Buch habe ich die Originalrezepte mit kleinen technischen Anpassungen und Ergänzungen übernommen. Oft musste ich dabei die Aussagen aus zwei oder drei Kochbüchern miteinander kombinieren, um ein nachvollziehbares Rezept zu erhalten.

EG. Und sonst keinerlei Anpassungen? Keine Rücksicht auf den Geschmack unserer Zeit?

PB. Doch, natürlich. Wenn es gar nicht anders ging, habe ich die Gerichte angepasst: Kuheuter zum Beispiel habe ich in einem Gericht weggelassen. Lunge auch. Aber solche Eingriffe waren erstaunlicherweise nur sehr selten nötig. Und die Rezeptänderungen sind ausdrücklich erwähnt. Was die Masseinheiten betrifft: Die habe ich soweit als möglich auf unsere gängigen Werte umgerechnet. Und ich habe die Mengenangaben, Kochtemperaturen und Garzeiten den heutigen Gegebenheiten entsprechend ergänzt.

EG. Es ist also durchaus möglich, mit Hilfe dieses Kochbuchs Gäste zu einem Abend à la Goethe mit mehreren originalgetreuen Gängen einzuladen.

PB. Das mit den Gängen ist so eine Sache. Die Suppe und manchmal auch das Dessert wurden wohl separat serviert. Aber sonst war es üblich – wie übrigens auch in der chinesischen oder indonesischen Küche –, mehrere Gerichte gleichzeitig zu servieren.

EG. Das geht zwar aus den Schilderungen von Goethes Zeitgenossen hervor, die von mehreren Schüsseln auf der Tafel berichten. Aber manchmal ist – zum Beipiel bei Sckell – gleichwohl von Gängen die Rede. Thomas Mann schildert in «Lotte in Weimar», dass mehrere Gänge hintereinander aufgetragen wurden. Nur kann er das aus rein dramaturgischen Gründen getan haben, um den Ablauf der Romanhandlung an den Verlauf des Essens zu koppeln.

PB. Das nehme ich an, denn die Praxis war anders. Vielleicht noch eine letzte Bemerkung zu den Quellen: Schon damals waren die Qualität der Rezepte und die Sorgfalt ihrer Beschreibung sehr unterschiedlich. Während das Stuttgarter Kochbuch der Löfflerin sehr genau und umfassend ist, zeichnet sich das Augsburger Kochbuch der Weilerin durch eine sehr schöne, fast literarische Sprache aus. Ich konnte jedenfalls nicht widerstehen, besonders anmutige Wendungen der Autorin wörtlich zu übernehmen. Ich hoffe jedenfalls, dass in den Rezepten dieses Buches etwas von meiner Begeisterung und von meinem Respekt für die alten Berufskolleginnen und -kollegen spürbar wird.

EG. Also dann: Auf zu den Rezepten.

Wenn nicht anders vermerkt, sind die Rezepte für 4 Personen berechnet.

Von Fischen

«Es sind (im Gardasee, bei Torbole) keine eigentlichen Forellen, gross, manchmal über fünfzig Pfund schwer, über den ganzen Körper bis auf den Kopf hinauf punktiert; der Geschmack zwischen Forelle und Lachs, zart und trefflich. Mein eigentliches Wohlleben aber ist in Früchten, in Feigen, auch Birnen, welche da wohl köstlich sein müssen, wo schon Citronen wachsen.»

Italienische Reise

«Kein Aal ist nicht zu kriegen, auch in Weimar kein Pfund anderer Fisch; aber ich bekomme 12 Pfund Forellen von unserem Gärtner. Auf das Sonntagsfest freue ich mich auch recht.» Christiane an Goethe, Juni 1798

«Guten Fisch aus der Reuss», so Goethes Schreiber Geist in seinem persönlichen Reisetagebuch über den Aufenthalt in Altdorf, wo die Forellen – Goethes Lieblingsfische – auf verschiedene Arten zubereitet wurden, «so dass man … das Fleischessen vermeiden kann».

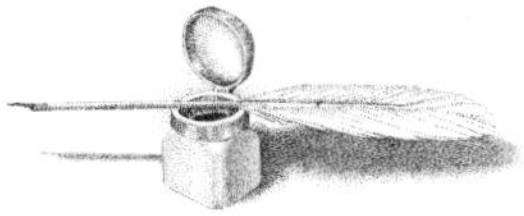

Forelle an saurer Sauce

4 Forellen, geputzt und gewaschen
20 g Butter
3 Esslöffel Semmelbrösel
2 Esslöffel Schalotten, fein gehackt
1 Dose Sardellenfilets, gehackt
1 Esslöffel Kapern
1 Esslöffel Petersilie, gehackt
1 Zitrone
50 g Butter, in Flocken
100 ml Weisswein
100 ml Wasser
Salz, Pfeffer

- Die ganzen Forellen in 3–4 cm grosse Stücke schneiden und salzen.
- Eine Kasserolle mit Butter ausstreichen und mit den Semmelbröseln, den Schalotten, den Sardellen, den Kapern und der Petersilie ausstreuen. Die Zitrone schälen, in kleine Würfelchen schneiden und ebenfalls zugeben.
- Die Fischstücke darauflegen. Mit den Butterflocken bestreuen, Wein und Wasser dazugiessen. Zudecken und bei kleiner Hitze etwa 4 bis 10 Minuten dünsten, bis der Fisch sich leicht von den Gräten lösen lässt.
- Die Sauce abschmecken, nach Bedarf noch Wasser und Wein nachgiessen.

Auf diese Art lassen sich auch Karpfen, Hechte oder Barsche zurichten.

4 Forellen, gewaschen und ausgenommen
Salz
Semmelbrösel oder helles Paniermehl
1 Esslöffel Mehl
5 dünne Weissbrotscheiben
ca. 200 ml Bratbutter, Schweineschmalz oder Fritieröl

Sauce:
2 Zitronen
60 g Butter
20 g Mehl
1 Esslöffel Semmelbrösel oder Paniermehl
400 ml Fleischbrühe
Salz, Pfeffer

- Die Haut der Forellen mit einem Messer einritzen und die Fische in Stücke schneiden. Salzen und etwa 30 Minuten ziehen lassen.
- Die Semmelbrösel mit etwas Mehl und Salz mischen. Die Forellenstücke darin wenden und die Panade dabei sorgfältig festdrücken.
- Eine grosse Platte mit den Brotscheiben belegen und im Backofen warm stellen.
- Das Fett in einer Pfanne bis kurz vor den Rauchpunkt erhitzen und die Fischstücke portionenweise darin kurz und kräftig backen. Die fertiggebackenen Fischstücke auf der Platte im Ofen warm halten.

- Für die Sauce die Schale einer Zitrone abreiben. Beide Zitronen schälen und das Fruchtfleisch würfeln.
- In einem Pfännchen das Mehl und die Semmelbrösel in der Butter anschwitzen.
- Mit der Fleischbrühe ablöschen und 5 Minuten kochen. Die Zitronenstückchen zusammen mit der abgeriebenen Schale beifügen und nochmals etwas kochen. Mit Salz und Pfeffer abschmecken. Die Sauce separat zum Fisch servieren.

«Der Fischmarkt und die unendlichen Seeprodukte machen mir viel Vergnügen; ich gehe oft darüber und beleuchte die unglücklichen aufgehaschten Meeresbewohner.» Venedig, *Italienische Reise*

«Statt des versprochenen Aales sende Dir Dritthalbpfund frischen Lachs.» «So gern ich einen Hecht geschickt hätte, habe ich doch nicht dazu gelangen können.» Aus Briefen, die Goethe 1808 nach Weimar schickte

«Um nicht aus dem Gleise zu kommen, habe ich einen Karpen von Winzerle kommen lassen und die polnische Sauce gleich aus der Tasche bezahlt.»

Goethe im November 1812 aus Jena an seine Frau

Karpfen mit polnischer Sauce

1 Karpfen, ca. 1½ kg, geputzt und gewaschen
Salz
100 ml Essig

3 Karotten
2 Pastinaken oder ein kleiner Sellerie
2 Zwiebeln
2 Lorbeerblätter
1 Prise Ingwer
600 ml süsses Bier

1 Esslöffel Mehl
½ Zitrone, in Scheiben
100 g Butter, in Flocken
1 Esslöffel geriebenes Weissbrot
1 Prise Zucker

- Den Karpfen in Ragoutstücke schneiden, salzen, mit dem Essig übergiessen und etwas stehen lassen.
- Unterdessen das Gemüse putzen und in Stücke schneiden. Das Gemüse zusammen mit den Gewürzen im Bier knapp weich kochen.
- Die Fischstücke mit Mehl bestäuben und mit dem Essig zum Gemüse geben.
- Die Zitronenscheiben und die Butterflocken beifügen und alles zusammen zugedeckt 10–15 Minuten bei kleiner Hitze weich kochen.
- Die Karpfen- und die Gemüsestücke herausnehmen und warm stellen.

- Die Sauce aufkochen, das geriebene Weissbrot dazurühren und mit Zucker und Salz abschmecken.
- Nach Bedarf mit Wasser noch etwas verdünnen.
- Das Karpfenragout mit der Sauce übergiessen.

Dazu reicht man Salzkartoffeln.

Das Bier darf nicht bitter sein. Man kann es auch durch je 300 ml Rotwein und Fleischbrühe ersetzen.

Krebse

Für 1 Person

½ kg lebende Krebse

Sud:
ca. 2 l Wasser
20 g Salz
100 ml Weissweinessig
30 g Butter
1 Zwiebel, grob gehackt
1 Kaffeelöffel Kümmel
1 Kaffeelöffel Pfefferkörner

- Die Krebse in einen Trog mit Wasser legen.
- Die Zutaten für den Sud aufkochen und die Krebse hineinwerfen. Den Topf sofort zudecken, bis der Sud wieder kocht. Sobald die Krebse sich rot färben, sind sie gar.
- Die Krebse herausnehmen und auftragen.

Dazu passt eine Mayonnaise oder eine Essigsauce mit Kräutern.

Krebse gab es früher in vielen Wiesenbächen und sumpfigen Weihern. Die Kinder brachten sie von ihren Streifzügen nach Hause. Deshalb gibt es in den alten Kochbüchern auch vielfältige Zubereitungsarten. Heute sind Krebse selten geworden, und man findet sie nur noch im Sommer als Importware in Delikatessläden. Schade, denn Krebsfleisch ist etwas vom Feinsten, was die Natur zu bieten hat – besser hatte.

Wer sich scheut, lebende Krebse zu kochen, kann dieses Rezept auch mit Scampi, Langustinen oder Riesencrevetten ausprobieren.

Von Fleisch und Geflügelwerk

Ein Gericht aus dem Haus- und Kochbuch des Frankfurter Schultheissen Textor und seiner Ehefrau Anna Margaretha Justina, geborene Lindheimer, Goethes Grosseltern:

Brathen in einer Baitz

1 kg gespickter Rindsbraten
Salz

Beize:
600 ml Bier
300 ml Essig
1 Zwiebel, geschnitten
2 Knoblauchzehen
2 Lorbeerblätter
2 Nelken
2 Thymianzweige
einige Wacholderbeeren

20 g Mehl
2 Esslöffel Bratbutter
2 Schwarzbrotscheiben
nach Belieben Kapern, Trüffeln, Morcheln

- Das Fleisch kräftig salzen. Alle Zutaten zur Beize mischen und das Fleisch darin mindestens 24 Stunden einlegen.
- Das Fleisch aus der Beize heben, abtrocknen, mehlen und in der Bratbutter rundum anbraten. In eine möglichst knapp bemessene feuerfeste Form geben, die Beize mit allen Würzstoffen dazugiessen und einmal aufkochen lassen. Das Brot in grobe Stücke brechen und dazugeben.
- Den Braten im Ofen zugedeckt je nach Stück 1½–2½ Stunden garen. Das Fleisch herausheben.
- Die Sauce durch ein Sieb passieren und abschmecken. Nach Bedarf bei grosser Hitze noch etwas einkochen oder mit Wasser verdünnen. Nach Belieben mit Kapern, Trüffeln oder Morcheln verfeinern. Zusammen mit Erdäpfeln zum Braten reichen.

«Vor allem aber musste wegen des Essens Anstalt getroffen werden. Wir hatten unterwegs eine Henne gekauft; der Vetturin war gegangen, Reis, Salz und Spezereien anzuschaffen; weil er aber nie hier gewesen, so blieb lange unerörtert, wo denn eigentlich gekocht werden sollte, wozu in der Herberge selbst keine Gelegenheit war. Endlich bequemte sich ein ältlicher Bürger, Herd und Holz, Küchen- und Tischgeräte gegen ein Billiges herzugeben …» Caltanisetta, *Italienische Reise*

«In unserer Herberge befanden wir uns freilich sehr übel. Die Kost, wie sie der Maultierknecht bereiten konnte, war nicht die beste. Eine Henne, in Reis gekocht, wäre dennoch nicht zu verachten gewesen, hätte sie nicht ein unmässiger Safran so gelb als ungeniessbar gemacht.» Catania, *Italienische Reise*

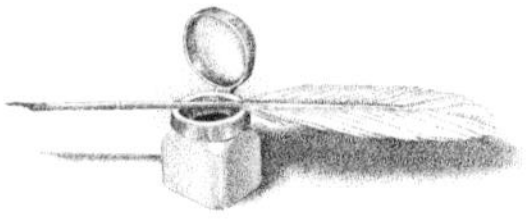

Huhn in Reis

1 Suppenhuhn, küchenfertig
Salz
300 g Trockeneis
80 g Butter
1 Briefchen Safran

- Das Huhn in Salzwasser knapp bedeckt und gut verschlossen etwa 2 Stunden weich kochen. Die Brühe sollte dabei auf ½ Liter einkochen.
- Den Reis in Salzwasser eine Minute kochen und abgiessen.
- Die Hühnerbrühe mit Butter und Safran mischen und zum Reis geben. Das Huhn daraufsetzen und den Topf gut verschliessen. Bei schwacher Hitze etwa 20 Minuten ziehen lassen. Nochmals abschmecken.

Ein Briefchen Safran reicht, damit es uns nicht wie dem Geheimrat geht.

«Vom Essen und Trinken hier zu Lande habe ich noch nichts gesagt, und doch ist es kein kleiner Artikel. Die Gartenfrüchte sind herrlich, besonders der Salat von Zartheit und Geschmack wie eine Milch; man begreift, warum ihn die Alten lactuca genannt haben. Das Öl, der Wein, alles sehr gut, und sie könnten noch besser sein, wenn man auf ihre Bereitung mehr Sorgfalt verwendete. Fische, die besten, zartesten. Auch haben wir diese Zeit hier sehr gut Rindfleisch gehabt, ob man es gleich sonst nicht loben will.» Sizilien, *Italienische Reise*

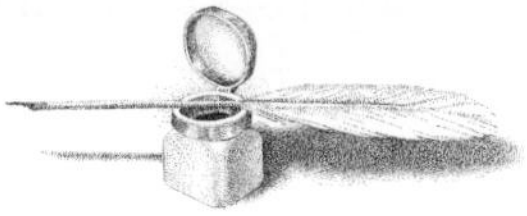

Stufato oder Italienisches Fleisch

800 g gespickter Rindsbraten
Salz
Nelken, Zimt, Thymian, Pfefferkörner
1 Zwiebel, gehackt
1 Knoblauchzehe, gehackt
4 Esslöffel Olivenöl
1 Esslöffel Mehl
Rindsbrühe
Weisswein

- Den gespickten Braten kräftig salzen und zu jedem Spickspeckstreifen abwechslungsweise eine Nelke, ein Stücklein Zimt, ein Thymianzweiglein und ein paar Pfefferkörner dazustecken.

- In einem nicht zu grossen Topf das Fleisch zusammen mit der Zwiebel und dem Knoblauch im Olivenöl rundum anbraten und anschliessend mit dem Mehl bestäuben.
- Je zur Hälfte mit Rindsbrühe und Weisswein bis zur halben Höhe des Fleisches auffüllen und den Topf gut verschliessen. Bei kleiner Hitze langsam dämpfen, bis das Fleisch mürb ist, je nach Stück 1½–2½ Stunden. Das Fleisch herausheben, die Sauce durch ein Sieb passieren und, wenn sie zuwenig kräftig ist, bei grosser Hitze einkochen und abschmecken.

Goethe war ein Liebhaber der italienischen Küche, Olivenöl war sein Lieblingsöl, und der Stufato ist mehrfach erwähnt. Was heute in einem Stufato niemals fehlen darf, war zu Goethes Zeit in der Küche noch nicht gebräuchlich: die Tomate. Als Paradies- oder Liebesapfel war sie zwar seit dem 16. Jahrhundert bekannt, sie taucht aber in der deutschen Küche erst um 1850 zum erstenmal auf.

1802 beklagt sich Goethe wieder einmal brieflich bei seiner Frau über das Jenaer Essen: «Mein Mittagstisch ist immer nur zur Noth geniessbar; gestern habe ich mir, durch ein Gericht Meerrettig, den ganzen Nachmittag verdorben. Götze hat mir fürtreffliche Knackwürste ausgemacht, sie mögen nur ein klein bisschen zu stark gesalzen sein. Deine bleiben noch immer die besten. Sorge ja bei der neuen Schlacht dafür, dass sie gut werden, weil ich zum Frühstücke nun daran gewöhnt bin. Die Abendessen sind desto besser, indem, in kleiner Gesellschaft, allerlei Gutes aufgetischt wird; allein, ich muss mich Abends in Acht nehmen und esse also nicht, wo ich zu essen finde, und wo ich essen möchte, habe ich nichts. Schicke mir ja das Schweinewildpret, damit ich Lodern eine Artigkeit erzeigen kann, und frage beim Hofkammerrath an, ob er Dir etwas Caviar ablassen möchte? Wenn Du mich damit versorgst, so bringe ich Dir auch einige Flaschen Champagner mit.»

Christiane schickt ihm die Wildschweinkeule und dazu zwei Rebhühner. Der Hofkammerrat lässt ausrichten, Kaviar gäbe es erst Anfang der nächsten Woche wieder. Worauf Goethe meldet: «Von den Feldhühnern habe ich eins verzehrt, und Loders haben mir auch von dem Schwarzwildpret eine sehr gut zugerichtete Portion zugeschickt, und so geht mirs ganz leidlich.»

«Heute früh gab es grosse Händel über ein Feldhuhn, welches Heinrich, ohne anzufragen, vom Rentbeamten für 5 Groschen angenommen hatte. Diesen Prozess schlichtete ich salomonisch dadurch, dass ich bezahlte und mir dieses Huhn ausserordentlich zum Frühstück vorbehielt.» Goethe im November 1812 aus Jena an seine Frau

«Unter anderem verzehrte er eine ungeheure Portion Gänsebraten und trank eine ganze Flasche Rotwein dazu.» Johann Heinrich Wolff über Goethe, 1828

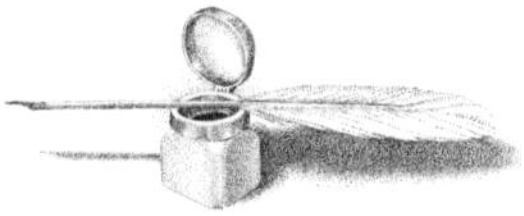

Den Gänsebraten wollen wir im letzten Kapitel abhandeln. Hier aber die Rebhühner:

Feldhuhn zum Zehn-Uhr-Frühstück

Für 1 Person

1 Rebhuhn (Feldhuhn), küchenfertig
Salz, Nelkenpulver, Pfeffer
1 Zwiebel, gehackt
40 g Butter
2 dünne Scheiben Spickspeck (Rückenspeck)
½ Zitrone

- Das Rebhuhn innen und aussen würzen, eine kleine gehackte Zwiebel sowie ein nussgrosses Butterstück hineinlegen.

- Die Brüste mit den Spickspeckscheiben belegen und mit einem Bindfaden zusammenbinden.
- Im vorgeheizten Ofen bei 160 °C unter häufigem Begiessen mit dem Bratensaft und der Butter 20–25 Minuten braten.
- Die Bindfäden entfernen, das Rebhuhn wird mit dem Speckmantel serviert.
- Von der Zitrone ganz wenig Schale über das Rebhuhn reiben und die Zitrone dazu servieren.

Das Rebhuhn wird nicht braun gebraten, da es sonst trocken wird.

Heute ist das Rebhuhn eines der kostbarsten Geflügel. Wenn man bedenkt, dass früher pro Person «ein paar» Rebhühner berechnet wurden, kann man annehmen, dass sie wohl weniger selten waren. Anstelle eines Rebhuhns kann man auch ein kleines Masthühnchen nehmen. Hier kann man den Spickspeck weglassen.

«Itzo kommen auch Kirschen die Menge. Auch habe ich hier allerlei beim Italiener entdeckt: Lachs, Hamburger Rindfleisch, Zungen. Wenn Du herkommst, so können wir uns allerlei mitnehmen. Morgen ist der grosse Ball in Halle, wo der August dabei war.»

So machte Christiane, die zur Kur war,
1803 Goethe den Mund wässerig.

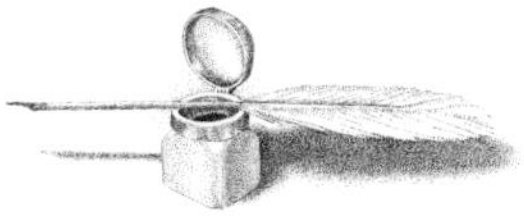

Mit dem Hamburger Rindfleisch könnte das hochfeine Hamburger Steak gemeint sein. Ein schriftliches Rezept haben wir allerdings erst um 1900 gefunden. Der Vergleich mit unseren modernen Hamburgern ist ein anschauliches Beispiel für die Entwicklung der Esskultur.

Hamburger Steak nach Escoffier

500 g Rindfleisch, gehackt
2 Eigelb
50 g feingehackte Zwiebeln
20 g Butter
Salz, Pfeffer, Muskat
Mehl
Bratbutter

- Das Hackfleisch mit den Eigelben mischen. Die Zwiebeln in der Butter weich dünsten und dazugeben, würzen.
- Die Hände mehlen und aus der Fleischmasse vier abgeflachte Kugeln formen. Beidseitig in Butter braten.
- Die Hackbeefsteaks sind gar, wenn Fleischsaft aus der Oberfläche perlt.

Hamburger Rindfleisch, ganz anders:

Rauchfleisch mit Meerrettichsauce

1 kg geräuchertes Rindfleisch
2 Lorbeerblätter
2 Nelken
Salz
ca. 1 l Rindsbrühe

Sauce:
40 g Butter
20 g Mehl
ca. 300 ml Kochbrühe vom Rindfleisch
100 ml Rahm
2 Esslöffel geriebener Meerrettich
Salz

- Das geräucherte Rindfleisch lauwarm abwaschen und eine Nacht wässern.
- Mit frischem kaltem Wasser bedeckt, zusammen mit den Gewürzen aufkochen und 2–4 Stunden unterhalb des Siedepunkts ziehen lassen. Wenn nötig salzen.
- Wenn das Fleisch weich ist, in die Rindsbrühe legen, aufkochen und nochmals ½ Stunde ziehen lassen, wodurch es saftiger wird.
- Für die Sauce die Butter in einer Kasserolle schmelzen und das Mehl einrühren.
- Mit der Brühe und dem Rahm ablöschen und unter Rühren aufkochen, bis eine geschmeidige Sauce entsteht.

- Den Meerrettich darunterziehen, «er darf aber nicht mehr kochen, sonst vergeht ihm die Kraft. Wenn er zu scharf sein sollte, darf man ihn kochen.» Falls nötig, noch mit Salz abschmecken.

«Zuerst aber muss zum Lobe der Höpfnerin gesagt werden, dass sie obwohl Du nicht da bist, ihre Sache vortrefflich macht, gute Ware ankauft und sie mit Sorgfalt zubereitet, sodass wir es uns jeden Mittag können wohl schmecken lassen. Am Grünen Donnerstag hatten wir Kohlsprossen bestellt und Honig zum Nachtisch, um dieses Fest recht würdig zu feiern. August hatte selbst Eier roth und hart gesotten. Da die Fastenbrezeln alle sind, so bäckt die Köchin allerlei Torten und Kuchen. Ein Truthahn ist abgeschlachtet und andere gute Dinge sind im Vorrath.»

Goethe im März 1807 an Christiane, die auf Reisen ist

«Ich bitte Dich also aufs allerinständigste, mir mit jedem Botengange etwas gutes Gebratenes, einen Schöpsenbraten, Kapaun, je einen Truthahn zu schikken, es mag kosten, was es wolle, damit wir nur zum Frühstück, zum Abendessen, und wenn es zu Mittag gar zu schlecht ist, irgend etwas haben, was sich nicht vom Schweine herschreibt.»

Noch einer von Goethes Klagebriefen an Christiane

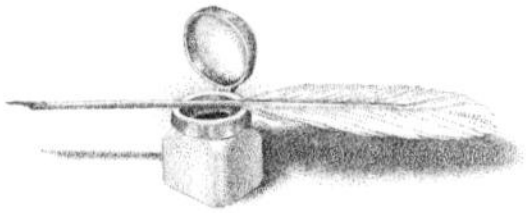

Schöpsenfleisch mit Möhren

1 kg Hammelragout ohne Knochen
(oder Lammragout)
3 Esslöffel Öl
30 g Mehl
1 Zwiebel, fein gehackt
Salz
1 Kaffeelöffel Pfefferkörner
500 g Karotten, in Stücke geschnitten
Salz, Pfeffer
1 Esslöffel Petersilie, gehackt
Zitronensaft, nach Belieben

- Das Hammelragout im Öl langsam anbraten, das Mehl und die Zwiebel zugeben und miträsten. Mit Wasser ablöschen, so dass das Fleisch mit der Flüssigkeit knapp bedeckt ist. Salzen und die Pfefferkörner hineinstreuen. Aufkochen und knapp unter dem Siedepunkt eine Stunde garen.
- Die Karottenstücke beifügen und bei sanfter Hitze eine weitere Stunde sieden. Nach Bedarf Wasser nachgiessen.
- Wenn das Fleisch weich ist, mit den Karotten herausnehmen.
- Die Sauce durch ein Sieb streichen, wenn nötig abfetten und abschmecken. Gemüse, Petersilie und Fleisch in die Sauce zurückgeben und nochmals aufkochen. Nach Belieben mit Zitronensaft abschmekken.

Hammelfleisch ist im Geschmack sehr intensiv. Deshalb geben viele dem Lammfleisch den Vorzug. Die Garzeit reduziert sich dabei etwa um eine Stunde.

Sardellensalat

2 kleine Dosen Sardellen
400 g kalter Kalbsbraten
4 Essiggurken
1 Esslöffel Kapern
3 hartgekochte Eier
Essig
Baumnussöl
1 Zitrone, in Scheiben

- Die Sardellenfilets gut wässern und aufrollen.
- Den Braten, die Gurken, Kapern und Eier klein schneiden. In einer Schüssel mit Essig und Baumnussöl mischen. Die Sardellenröllchen daraufsetzen und den Salat mit Zitronenscheiben garnieren.

Anstatt Kalbfleisch kann man auch Wurst, marinierten Aal oder geräucherten Lachs nehmen.

Sardellensalat war eine von Goethes Leibspeisen. Eine andere war die berühmte Grüne Sauce, die schon zu Goethes Kinderzeit als Frankfurter Spezialität bekannt war und zu Fisch oder gekochtem Rindfleisch, wie zum Beispiel den beiden folgenden Gerichten, serviert wurde. Und wird.

Grüne Sauce

2 Handvoll frische Kräuter (Kerbel, Pimpinelle, Estragon, Borretsch, Petersilie, Sauerampfer, Schnittlauch, Kresse)
1 Tasse Mayonnaise
1 Tasse dicker Rahm
2 hartgekochte Eier, gehackt
1 Zwiebel, fein gerieben
1 Knoblauchzehe, gerieben
2 Esslöffel Senf
1 kleine Gewürzgurke, fein gehackt
1 Zitrone, Saft
1 Prise Salz
Pfeffer, Zucker

- Die Kräuter fein wiegen.
- Die Mayonnaise mit dem dicken Rahm sowie sämtlichen übrigen Zutaten und den Kräutern gut mischen. Eisgekühlt zu Fisch oder Fleisch reichen.

In anderen Rezepten fehlt die Mayonnaise. Und der Rahm wird heute oft durch Joghurt ersetzt.

1 kg mageres Siedfleisch
2 Kalbsfüsse
100 g Schinken, in Würfel geschnitten
250 g Gemüse (Karotten, Sellerie, Pastinaken, Lauch), klein geschnitten
1 Zwiebel, geviertelt
1 Zweig Petersilie
1 Lorbeerblatt
1 Nelke
1 Prise Ingwerpulver
Salz

- Das Fleisch mit kaltem Wasser waschen und kräftig salzen. In einem Topf zusammen mit den Kalbsfüssen mit kaltem, leicht gesalzenem Wasser bedecken und aufkochen. Sobald es kocht, die Hitze reduzieren und abschäumen. Unterhalb des Siedepunkts je nach Fleischstück 2–4 Stunden ziehen lassen, bis das Fleisch mürbe ist.
- Etwa 1 Stunde vor Ende der Garzeit die restlichen Zutaten beifügen.
- Die Brühe durch ein feines Sieb oder Tuch giessen und, wenn nötig, etwas abfetten. Abschmecken.

Ein zeitgenössisches Kochbuch vermerkt dazu: «1. Die Fleischbrühe, worinnen Wurzeln mitgesotten worden sind, lässt sich nur im Winter, nicht aber im Sommer aufheben, weil sie bald sauer wird.

2. Einige glauben, wenn ein Fleisch nicht weich werden will, soll man ein Stück Glas oder Zinn dazu thun.
3. Man muss das Fleisch nur langsam sieden, die Brühe wird besser und kräftiger.»

Pökelfleisch

1 kg gepökeltes Rindfleisch
1 Lorbeerblatt
3 Nelken
1 Kaffeelöffel Pfefferkörner

- Das Fleisch waschen und mit kaltem Wasser bedeckt aufkochen.
- Die Gewürze beifügen und 3–4 Stunden bei kleiner Hitze knapp unterhalb des Siedepunkts ziehen lassen.

Man serviert dazu Grüne Sauce (Seite 79) oder eine Meerrettichsauce (Seite 75), Kartoffelklösse und verschiedene Gemüse, die man gegen Schluss der Garzeit mitkocht.
Das Pökelfleisch kam auch kalt, zum Beispiel mit einem Kartoffelsalat, auf den Tisch.
Heute ist gepökeltes Fleisch vom Schwein üblicher als vom Rind.

Zu Goethes Zeit gab es sehr viele Rezepte mit konserviertem, gepökeltem, geräuchertem oder gebeiztem Fleisch. Der Grund: Da man nicht über die heutigen Kühl- und Transportmöglichkeiten verfügte und das Fleisch auch nicht jeden Tag in der Metzgerei frisch einkaufen konnte, musste es haltbar gemacht werden.

«Den Schweinskopf betreffend. Der Kopf liegt in der Schachtel; die Sauce, in welche der Kopf gleich gelegt werden muss, und so lange bis er aufgegessen ist, muss er drinnen liegen bleiben; die Senfsauce welche dazugemacht wird, sagte der Mundkoch Weise, sollst Du nur gleich bei dem Mundkoch Steinert bestellen lassen, dieser wisse schon, wie er sie machen sollte. Wir hätten sie hier machen lassen, er sagte aber: es wäre besser, wenn sie gleich auf der Stelle gemacht würde. Dies lässt Dir ja Hendrich gleich machen.»

Beilage zu einem Brief von Goethe an seine Frau, im Januar 1811

Beim Schweinskopf mit Senfsauce handelt es sich eher um ein Gericht für Profi-Köche. Das folgende Rezept ist zwar auch aufwendig, lässt sich aber etwas leichter nachkochen. Kalbsfüsse in Gelee – «nicht zu sauer» – gehörten zu den Spezialitäten, die sich Goethe von Christiane mit den Botenweibern nach Jena schicken liess.

Kalbsfüsse in Gelee

1 kg Kalbsfüsse, geschnitten
200 ml Weisswein
1 Esslöffel Zitronensaft
Salz
Kardamom, Zimt und Pfeffer, gemahlen
3 Eiweiss
1 Karotte, fein gehackt
1 Zwiebel, fein gehackt
1 Zitrone, fein gehackte Schale
1 Esslöffel Petersilie, gehackt
evtl. 3 Blatt Gelatine

- Die Kalbsfüsse mit dem Wein und dem Zitronensaft in eine Kasserolle geben, mit Wasser knapp bedecken und ganz leicht salzen. Aufkochen und bei kleinem Feuer sehr weich kochen (ca. 2 Stunden).
- Die Kalbsfüsse herausnehmen, das Fleisch von den Knochen lösen und in eine Schüssel geben.
- Den Sud in ein Pfännchen giessen (es sollte noch etwa ¼ l sein) und kräftig würzen.

- Das Eiweiss halbsteif schlagen und abseits vom Herd mit einem Schneebesen in den abgekühlten Sud rühren.
- Auf den Herd zurückstellen und langsam aufkochen, dabei auf keinen Fall rühren. Sobald das Eiweiss gerinnt, einmal aufkochen, vom Herd ziehen und den Sud, der jetzt wasserklar ist, durch eine Serviette in einen sauberen Topf giessen. Karotte, Zwiebel und die Zitronenschale darin kurz weich kochen. Abschmecken, die Petersilie beifügen und den Sud über die Kalbsfüsse giessen. Die Kalbsfüsse müssen vom Sud vollständig bedeckt sein.
- Mindestens 3 Stunden in den Kühlschrank stellen, bis der Sud geliert ist.
- Vor dem Servieren die Schüssel kurz in warmes Wasser stellen und stürzen.

Falls der Sud nicht richtig gelieren sollte, kann man drei Blatt Gelatine in kaltem Wasser einweichen, gut auspressen, den Sud nochmals leicht erwärmen und die Gelatine darin auflösen. Nochmals kalt stellen.

Das Eiweiss dient nur dazu, den Sud zu klären. Man kann auch darauf verzichten. Der Sud ist dann etwas trüb, geschmacklich aber gleichwertig.

1827 trifft Goethe mit dem russischen Diplomaten Grogorij Alexandrowitsch Graf Stroganoff zusammen. Goethe philosophiert: «Der Ruhm, mein Herr Graf, ist eine herrliche Seelenkost: Sie stärkt und erhebt den Geist, erfrischt das Gemüt; das schwache Menschenherz mag sich daher gern daran erlaben. Aber man gelangt gar bald auf dem Wege der Berühmtheit zur Geringachtung derselben.» Stroganoff hält es mehr mit Leibes- als mit «Seelenkost». Er ist der Spross einer geadelten Kaufmannsfamilie aus Nowgorod, deren Verdienst es war, Sibirien erschlossen zu haben. Doch berühmt gemacht hat den Grafen das «Filet Stroganoff». Das allerdings war ursprünglich ein anderes Gericht als jenes, welches wir heute kennen.

Filet Stroganoff: Das Original

500 g Rehrückenfilet
40 g ausgelassene Butter oder Öl
Salz, Pfeffer
40 g Butter
1 Zwiebel, fein gehackt
500 g Kartoffelwürfelchen, gekocht
400 ml Rahm

- Das Rehfrückenfilet in Streifen schneiden und im heissen Fett kurz anbraten. In eine Schüssel umgiessen, salzen, pfeffern und im Ofen warm stellen.

- Die Pfanne wieder auf den Herd stellen, die Butter hineingeben und die Zwiebel mit den Kartoffelwürfelchen darin leicht anrösten. Mit dem Rahm ablöschen und etwas einkochen.
- Wenn die Kartoffeln heiss sind, das Rehfleisch beifügen und, ohne die Sauce nochmals kochen zu lassen, darin wärmen.

Heute wird das «Stroganoff» mit Rindsfilet zubereitet und mit verschiedenen Garnituren angereichert.

«Nun mein Liebchen, werde ich bald wieder bei Dir sein, Sonntag früh gehe ich hier ab. Es ist mir und dem Kleinen recht wohl gegangen ... ich hoffe Dich wohl und das Haus in guter Ordnung zu finden. Ich bringe einen Wildpretsbraten mit und will nächste Woche Gäste darauf bitten.»

Goethe, von seinem Sohn begleitet, im September 1795 aus Ilmenau an Christiane

«Hier schicke ich Dir eine Rehkeule, die Du mit Freund Meyer vergnügt verzehren magst. Mit meinem Essen geht es mir jetzt recht gut, und die beliebten Gemüse werden recht fleissig aufgetischt.»

Goethe aus Jena im März 1798 an Christiane

«Unter den Gerichten befand sich eine Schüssel, an der ich mich vorzüglich beteiligte; Püree von Wild mit Spiegeleiern. Ich war schon so heimisch geworden, dass ich, bei unausgesetztem Respekt vor dem Herrn des Hauses, von ihm freundlich ermuntert, tüchtig zulangte. Das war im kleinen Kreis. Wie ich dann ein Jahr später an einem grösseren Diner teilhatte, fügte sich's, dass sich besagte sukkulente Speise wieder einstellte. Ich sprach ihr wieder lebhaft zu, doch am andern Tischende wurden bereits die Teller gewechselt. Da richtete Goethe, von dem ich weit entfernt sass, seine Götteraugen auf meinen Teller, gab dem Diener einen Wink, und Zapfe reichte mir noch einmal die Schüssel, zärtlich flüsternd: Der Herr Geheimrat schickt mich.» Karl E. von Holtei, 1827

Auf die Rehkeule kommen wir im letzten Kapitel zurück. Hier das Gericht, von dem Holtei so schwärmte:

Püree von Wild mit Spiegeleiern

ca. 500 g Reste von gekochtem Wild
(Hase, Reh, Hirsch oder dergleichen)
ca. 300 ml gebundene Fleischsauce
(eventuell Würfel)
Salz, weisser Pfeffer
8 Eier
Butter

- Das Fleisch von etwa vorhandenen Knochen befreien, hacken und mit einem Teil der Sauce im Mörser oder Cutter fein reiben. Mit der restlichen Sauce verdünnen, bis ein weiches Püree entsteht. Dieses durch ein Sieb streichen. Mit Pfeffer und Salz abschmecken. Vor dem Servieren aufwärmen.

- Die Eier in Butter braten und auf dem Püree anrichten.

Da man früher Wildbret nicht portionenweise kaufen konnte, dürfte dieses Gericht der Resteverwertung gedient haben. Es empfiehlt sich also, die doppelte Menge eines Hasenschlegels oder Rehpfeffers zu kochen und eine Hälfte für dieses Gericht aufzubewahren. Natürlich kann man auch zähere Teile zu Püree verarbeiten.

Ausdrücklich als Krankenkost bezeichnet wird das

Wildpüree auf eine ganz andere Art

Für 1 Person

1 Scheibe saftiger Wildbraten
1 Esslöffel Madeira
2 Esslöffel Fleischbrühe
1 Eigelb
Salz

- Das Fleisch fein wiegen, mit Madeira, Fleischbrühe und dem Eigelb verrühren und mit dem Salz abschmecken. Das Püree im Wasserbad heiss machen und sofort servieren.

Doch hüte man sich, das Püree zu lange im heissen Wasser zu lassen, da Ei und Fleisch dann hart werden.

Von Gartengewächsen

«Diesen Winter muss man sich mit allem gut vorsehen. Der Korb Kartoffeln kostet hier schon 1 Thaler 12 Groschen; ich habe statt 16 Körbe 6 bekommen. Dass die Kartoffeln so viel kosten, macht die armen Menschen unglücklich. Ich habe vor diesen Winter zugesorgt. Leb wohl und habe mich auch so lieb wie August.»

Christiane im Oktober 1799 an Goethe,
der Kartoffeln nicht sonderlich schätzte

«Sei nur so gut und schick mir ein Fläschchen von unserem gewöhnlichen Öl zum Salat. Denn das beste hier ist nicht essbar.» Goethe aus Jena im Mai 1798 an Christiane

«Während Goethe den Salat zubereitete, versicherte er mir, dass er selbst einen neuen Salat erfunden habe, aus eingemachten Gurken.» Johann Christian Schuchardt, 1828

Salat aus eingemachten Gurken

Eingemachte Gurken:
Junge Gartengurken
Salz
Malzessig (oder Weinessig)
Dill, Thymian, Lorbeerblätter
Pfefferkörner, Nelken
Sonnenblumenöl
wenig Essig
Salz, Pfeffer

- Die Gartengurken waschen und trocknen, mit einer Handvoll Salz bestreuen und über Nacht stehen lassen, abtrocknen.
- Malzessig mit etwas Salz aufkochen.
- Die Gurken lagenweise mit Dill, Thymian, Lorbeerblättern, Pfefferkörnern und 2–3 Nelken in einen Topf geben. Mit der kochendheissen Essiglake übergiessen. Mit einem kleinen Teller beschweren, so dass alle Gurken mit der Lake bedeckt sind, und den Topf verschliessen.
- Die Gurken in kleine Stücke schneiden, mit Dill und Öl mischen und mit wenig Essig, Salz und Pfeffer abschmecken. Nach Wunsch mit Kopfsalat anrichten.

Das Stuttgarter Kochbuch gibt zu den eingelegten Gurken noch gestossenen Grünspan, meint aber in der Fussnote, «was niemand zu rathen ist, so schön es ins Auge fällt, so schädlich ist es der Gesundheit». Ein wirklich guter Rat.

«Die Frau Räthin hat mir einen recht lieben Brief geschrieben. Der hat mir einen rechten vergnügten Tag gemacht ... Sie hat sich bei mir nach dem Kleinen erkundigt, und da habe ich ihr wieder geantwortet, ich wünsche mir nur, sie noch einmal in meinem Leben zu sehen und zu sprechen. Sie muss eine recht gute Frau sein, Dich hat sie auch recht lieb. Im Garten geht alles mit den Pflanzen gut, nur der Gärtner und der Hofgärtner von Belvedere sind sich nicht einig wegen dem Spargel ...» Christiane an Goethe, Juni 1793

«Dass es Dir mit dem Essen nicht gut geht, betrübt mich; ich wünschte, ich könnte mich alle Tage ein paar Stunden unsichtbar machen und Dir kochen, da sollte es wohl schmecken. Die alte Götzen könnte aber der Trabitiusen alles sagen, wie Du es gerne issest, und lass Dir ein paar junge Hasen schiessen, und es gibt auch schon in Jena junge Hühner, habe ich gehört. Hier schicke ich Dir was Spargel. Und nun muss ich Wäsche aufhängen. Leb wohl. Bald ein Mehres.»

Christiane an Goethe, Mai 1798

«Mit meiner leiblichen Nahrung geht es nun auch schon besser, die Trabitius bereitet den Spargel sehr gut, so wie auch gelegentlich einen Eierkuchen; Schillers versorgen mich mit Braten, und Dein Öl macht mir den Salat wieder schmackhaft ...»

Aus der Antwort auf Christianes Brief

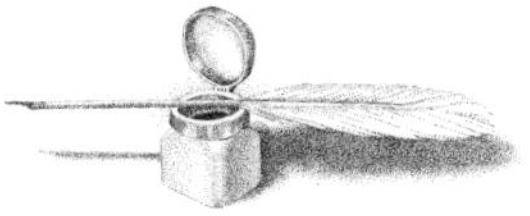

Spargel an Citronen-Sauce

2 kg Spargel

Salz

60 g Butter

1 Esslöffel Mehl

200 ml Fleischbrühe

1 Zitrone, Saft

4 Eigelb

- Den Spargel schälen und kurz kalt abspülen.
- Mit Küchenfaden zu vier Bündeln zusammenbinden und in reichlich kochendem Salzwasser weich kochen.
- Den Spargel abtropfen lassen, den Faden entfernen und den Spargel auf einer Platte zugedeckt warm stellen.
- Für die Sauce die Butter schmelzen und mit dem Mehl verrühren. Die Fleischbrühe und den Zitronensaft dazugiessen und aufkochen.
- Abseits vom Herd die Eigelbe mit dem Schneebesen darunterschlagen. Wieder langsam bis zum Siedepunkt erhitzen. Abschmecken, durch ein Sieb streichen und über die Spargelköpfe giessen.

Diese Sauce ist ein Vorläufer der berühmten holländischen Sauce.

«Der Spargel sollte zart auf der Zunge liegen; auf der anderen Seite dürfen auch seine feinen Salze nicht versotten und ausgelaugt werden. Wenn du dich überzeugen willst, ob dein Spargel gar sei, so fasse ihn an die Köpfe und nicht an den Stiel, wie unerfahrene Köche zu tun pflegen.» Dies der Rat eines erfahrenen Kochs aus der Goethezeit.

Spargelsalat

500 g Spargel
1 Esslöffel Schnittlauch, gehackt
3 hartgekochte Eier, gehackt
Salz, Pfeffer
Essig, Baumnussöl

- Den Spargel, wie im obigen Rezept beschrieben, kochen und in fingerlange Stücke schneiden.
- Die restlichen Zutaten zu einer Sauce verrühren und mit dem Spargel vermischen.

Der Vetturin ass mit grösstem Appetit rohe Artischocken und Kohlrabi; freilich muss man gestehen, dass sie viel zärter und und saftiger sind als wie bei uns. Wenn man durch die Äcker kommt, so lassen die Bauern zum Beispiel junge Puffbohnen essen, soviel man will.»

Sizilien, *Italienische Reise*

«Mein Speisewirth nährt mich zwar nicht köstlich, dabei ist aber angenehm, dass sie einem zubereiten, was man ihnen schickt. Brentanos haben mich von Frankfurt mit Artischocken versehen; heute sind zwei grosse Krebse gekauft worden, von welchen das Stück über 3 Kreuzer kostet. An Confect und getrockneten Früchten zum Nachtisch, nicht weniger an Chocolade lassen es die Freunde nicht fehlen. Rothen und weissen Wein liessen sie mir gleichfalls zurück. Ferner habe ich einen Petit Burgunder verschrieben, die Bouteille einen leichten Gulden, hier auf der Stelle, ein sehr angenehmer und trinkbarer Wein.»

Goethes Bericht an seine Frau von einem monatelangen Besuch in den Rhein- und Maingegenden, Juni 1815

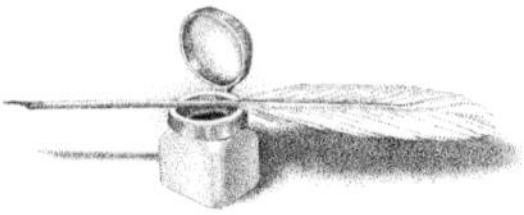

Artischocken an Citronen-Sauce

4 grosse Artischocken
Salz
40 g Butter
1½ Esslöffel Mehl
1 Prise Muskat
1 Zitrone, Saft
¼ l Fleischbrühe
2 Eigelb

- Mit einem Sägemesser erst die Stiele der Artischocken wegschneiden. Dann die Blattspitzen soweit wegschneiden, bis die kleinen violetten Innenblätter sichtbar werden.
- Die Artischocken in Salzwasser so lange weich kochen, bis sich die inneren, zusammengeschlossenen Blätter herausziehen lassen. Die inneren Blätter fassen und auf einmal herausziehen. Mit einem Löffel die Samenfäden sauber herauskratzen, die kleinen Blätter wieder hineinsetzen und die Artischocken warm stellen.
- Für die Sauce die Butter in einem Pfännchen schmelzen und das Mehl dazurühren. Muskat, Zitronensaft, Fleischbrühe und die Eigelbe zufügen und die Sauce unter ständigem Schwingen aufkochen. Kurz vor dem Siedepunkt die Sauce vom Feuer nehmen und durch ein feines Sieb über die Artischocken giessen.

4 junge Kohlrabi
500 g Kalbsbries (Milken)
Salz
100 g frische Morcheln oder 25 g getrocknete, eingeweicht, gehackt
2 Esslöffel Petersilie, gehackt
4 Eigelb
100 ml Rahm

Butter
Rindsbrühe
Maisstärke

- Die Kohlrabi waschen, die harten Teile entfernen und einen Deckel abschneiden. Mit einem Löffel möglichst dünn aushöhlen, ohne die Wand zu verletzen. Die ausgehöhlten Kohlrabi und die abgeschnittenen Deckel in Salzwasser knapp weich kochen, herausnehmen und abtropfen lassen.
- Das Bries im Salzwasser unterhalb des Siedepunkts weich kochen. Herausnehmen, die feinen Häutchen entfernen und das Bries fein hacken. Die gehackten Morcheln, Petersilie, Eigelbe und Rahm darunterziehen und in die Kohlrabi füllen. Die Deckel aufsetzen und die Kohlrabi in eine ausgebutterte feuerfeste Form stellen.
- Bis zur halben Höhe mit Brühe auffüllen und bei 160 °C etwa 30 Minuten im Ofen garen.

- Herausnehmen und den Fond mit wenig Maisstärke binden, den Fond nochmals aufkochen und abschmecken.

Im Originalrezept werden der Füllung noch 12 Krebslein und 1 Euter beigefügt. Dazu wurden ein paar gebratene junge Hühner angerichtet. Wir haben dies alles als Zugeständnis an unseren heutigen Geschmack weggelassen, erwähnen es aber als Beispiel dafür, mit welcher Raffinesse und mit welchem Aufwand damals auch in bürgerlichen Häusern gekocht wurde.

«Nun bin ich so ziemlich eingerichtet, ich wohne allerliebst, aber theuer, esse gut und wohlfeil; Wein habe ich von Frankfurt verschrieben … Es ist das heiterste Wetter, freilich zum Schaden des Land- und Gartenbaus, sie haben in zehn Wochen keinen anhaltenden Regen gehabt. Indessen geniesst man schon hier Schotenerbsen …» Goethe, Ende Mai 1815 aus Wiesbaden an seine Frau

Schotenerbsen oder junge Saubohnen an Kräuterrahm

ca. 1½ kg junge Schotenfrüchte
(ergibt je nach Art 400–800 g Gemüse)
40 g Butter
1 Messerspitze Mehl
100–200 ml Rahm
Salz
1–2 Eigelb
Kräuter nach Belieben (Schnittlauch, Kerbel, Estragon), gehackt

- Die Schoten aufbrechen und die Kerne herauslösen. Bei den grösseren Bohnensorten (Acker-, Sau- und Puffbohnen) das zähe Häutchen um die Kerne ebenfalls entfernen.
- Die Butter schmelzen, das Mehl einrühren und die Erbsen oder Bohnen dazugeben. Den Rahm dazugiessen, salzen und das Gemüse bei ziemlich grosser Hitze weich kochen. Abseits vom Herd das Eigelb unter die warme, aber nicht zu heisse Sauce ziehen und die Kräuter untermischen.

Frische, junge Schotenfrüchte gehören zum delikatesten Gemüse, das es gibt. Wegen des grossen Arbeitsaufwandes und des vielen Abfalls sind sie leider etwas von unserem Speisezettel verschwunden. Wichtig ist, dass die Schoten schon gross, aber die darin sitzenden Samen noch unreif sind.

«Mit der Küche stehts ein wie allemal; wenn mich nicht Schillers manchmal mit Schwarzwurzeln und Spinat erquickten, so sähe es schlecht aus …»

Goethe aus Jena an Christiane, August 1796

Skorzoneren oder Schwarzwurzeln

«Ein zartes und liebliches Wintergemüse»

ca. 600 g Schwarzwurzeln
50 ml Weissweinessig
100 g Butter
1 Esslöffel Mehl
2 Esslöffel Petersilie, gehackt
Salz, Muskat
ca. 100 ml Fleischbrühe

- Die Schwarzwurzeln waschen, schälen, in fingerlange Stücke schneiden und sofort in Essigwasser legen, da sie sonst braun werden.
- Die Butter schmelzen, die Schwarzwurzeln gut abtropfen lassen und dazugeben. Mit dem Mehl bestäuben und gut umrühren. Petersilie und Gewürze zufügen und mit der Brühe begiessen. Aufkochen und zugedeckt bei mittlerer Hitze weich dämpfen. Ab und zu umrühren und, falls die Bouillon verdampft ist, etwas Wasser nachgiessen.

- Am Schluss sollte die Kochflüssigkeit beinahe ganz eingekocht sein und die Schwarzwurzeln mit einem feinen Glanz überziehen.

Dazu gibt man Kalbskotelettes, Kalbsragout oder Tauben.

Schwarzwurzelpüree

500 g Schwarzwurzeln
Essig
1 Esslöffel helles Paniermehl
ca. 100 ml Rahm
Salz

- Die Schwarzwurzeln waschen, schälen und in fingerlange Stücke schneiden. In Essigwasser gut weich kochen, mit dem Mixstab pürieren und durch ein Sieb streichen.
- In einen Topf geben und mit dem Paniermehl und dem Rahm zu einem dicken Püree einkochen. Abschmecken, mit dem Schneebesen aufschlagen und servieren.

500 g junger Spinat, gewaschen
1 Tasse Löwenzahn, gewaschen
1 Tasse Brunnenkresse, gewaschen
je 1 Esslöffel Kerbel, Petersilie, Majoran
50 g Butter
Salz, Pfeffer

Essig
Eier nach Belieben

- Den Spinat und die Kräuter hacken, so fein, wie es beliebt.
- Die Butter in einer Pfanne schmelzen, das Grünzeug mit einem Esslöffel Wasser hineingeben und dämpfen, bis es weich ist. Je feiner der Spinat ist, desto schneller geht es. Dabei soll der austretende Gemüsesaft wieder einkochen.
- Mit Salz und Pfeffer abschmecken.
- 1 Liter Wasser mit 4 Esslöffeln Essig in einem kleineren Topf aufkochen.
- Nacheinander je ein Ei in eine Tasse aufschlagen und in die siedendheisse, aber nicht mehr kochende Flüssigkeit gleiten lassen. Während 4–5 Minuten ziehen lassen und dabei mit einem Löffel das Eiweiss immer wieder über das Eigelb ziehen. Die fertigen Eier bis zum Servieren in warmem Salzwasser bereithalten.
- Den Spinat auf eine Platte geben. Die Eier erst auf einem Küchenpapier abtropfen lassen und dann auf dem Spinat anrichten.

1 Blumenkohl
50 g Butter
Salz
50 g Sellerie
1 Karotte
1 Zwiebel, mit 6 Nelken und 1 Lorbeerblatt besteckt
ca. 1l Fleischbrühe

Sauce:
60 g Butter
1 Schalotte, fein gehackt
10 Pfefferkörner
100 g Rohschinken, fein gewürfelt
2 Esslöffel Mehl
150 ml kräftige Fleischbrühe
1 Zitrone, Saft
100 ml Rahm
5 Eigelb
100 g Parmesan, gerieben
2 Esslöffel Paniermehl

- Den Blumenkohl putzen, mit der Butter, dem Salz, dem übrigen Gemüse und der besteckten Zwiebel in einen Topf geben. Mit soviel Brühe auffüllen, dass der Blumenkohl knapp bedeckt ist. Bei milder Hitze langsam knapp weich kochen. Den Blumenkohl gut abtropfen lassen und auf eine feuerfeste Platte setzen.

- Für die Sauce die Butter schmelzen und die Schalotte, die Pfefferkörner und den Schinken darin dünsten. Mit dem Mehl bestäuben und nochmals einen Moment dünsten. Die Fleischbrühe, den Zitronensaft und den Rahm dazugiessen und aufkochen. Die Eigelbe abseits vom Herd unter die sehr heisse Sauce rühren und alles durch ein Sieb streichen.
- Die Sauce über den Blumenkohl giessen und mit dem Parmesan und dem Paniermehl bestreuen.
- Im Ofen bei 180 °C etwa 20 Minuten backen, bis der Blumenkohl eine schöne braune Farbe hat.

Dazu die Empfehlung im Originalrezept: «Dieses Gemüse kann man ohne Beilage aufstellen, im anderen Falle aber auf dem Rost gebratene Brüste von kleinem wildem oder zahmem Geflügel, Nierenschnitten u.s.w. dazu geben.»

«Irgendein Gericht, welches auf den Tisch kam, gab Veranlassung, die Damen über die Berliner Küche zu examinieren, und Goethe weilte mit sichtbarem Wohlgefallen bei diesem Gespräch. Er rühmte, dass ihn sein Freund Zelter sehr gewissenhaft mit märkischen Rübchen versorgte. ‹Man spricht›, sagte er, ‹so oft davon, dass die Berliner Zeitungen so uninteressant wären; ich für meinen Teil vermeide sie zu lesen, weil sie für mich einen grossen Reiz haben, denn da gibt es ganze Seiten voll verführerischer Artikel, als da sind: die grossen Präsentaustern, grosskörniger Astrachanischer Kaviar, Delikatesse-Heringe und was weiss ich alles; aber ich will mich wohl hüten, es zu verraten, denn sonst kommt mein heutiger Küchenzettel zu kurz dabei.»

Friedrich Förster, 1831

Die berühmten Märkischen oder Teltower Rübchen gelten als die feinste Rübenart. Sie wurden ursprünglich in den sandigen Böden der Mark Brandenburg angebaut und bis nach Weimar verschickt. Falls man die winzigen, braunen, würzig-süssen Wurzeln nicht auf dem Markt findet, kann man für das untenstehende Rezept junge Karotten oder weisse Navetrübchen nehmen.

Weisse Teltower Rübchen

500 g Rübchen
50 g Butter
1 Esslöffel Zucker
1 Messerspitze Mehl
150 ml Rahm
Salz

- Die Rübchen putzen und schälen. In einer Kasserolle die Butter schmelzen und die Rübchen mit dem Zucker ganz leicht karamelisieren. Mit Mehl bestäuben, den Rahm dazugiessen und ganz leicht salzen. Bei milder Hitze weich dämpfen, so dass gleichzeitig der Rahm fast vollständig einkocht und die Rübchen mit einem feinen Glanz überzieht.

Braune Teltower Rübchen

500 g Rübchen
50 g Butter
1 Kaffeelöffel Zucker
1 Kaffeelöffel Mehl
200 ml Fleischbrühe

- Die Rübchen putzen. Den Zucker mit der Butter und dem Mehl kräftig karamelisieren. Die Rübchen dazugeben und im Karamel wenden. Nach und nach die Fleischbrühe dazugiessen. Bei kräftiger Hitze die Rübchen weich dämpfen und gleichzeitig die Fleischbrühe einkochen.

Von Mehlspeisen und Eiern

«Wir hatten unsere Führer schon verschiedentlich gefragt, was für ein Wirtshaus und besonders was für Wein wir in Realp zu erwarten hätten. Die Hoffnung, die sie uns gaben, war nicht sonderlich, doch versicherten sie, dass die Kapuziner daselbst, die zwar nicht, wie auf dem Gotthard, ein Hospitium hätten, dennoch manchmal Fremde aufzunehmen pflegten ... Die Patres, Herren, Knechte und Träger haben alle zusammen an einem Tische gesessen; nur der Frater, der die Küche besorgte, war erst ganz gegen Ende der Tafel sichtbar. Er hatte aus Eiern, Milch und Mehl gar mannigfaltige Speisen zusammengebracht, die wir uns eine nach der anderen sehr wohl schmecken liessen.»

Briefe aus der Schweiz

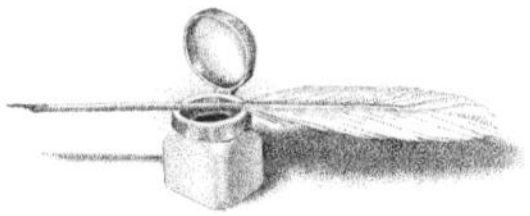

Eyerkuchen

300–400 ml Milch

300 g Mehl

6 Eier

2 Esslöffel Schnittlauch, fein geschnitten

Salz

100 g Speckwürfel

Butter nach Bedarf

- Die Hälfte der Milch mit dem Mehl glattrühren. Die Eier verquirlen und beifügen. Nach Bedarf mehr Milch zugeben, so dass ein recht dünner Teig entsteht. Mit Schnittlauch und Salz würzen.
- Die Speckwürfel in einer Bratpfanne auslassen, bis sie glasig werden. Mit einem Löffel herausnehmen und in den Teig geben.
- Etwas Butter in die Pfanne geben und aus dem Teig halbfingerdicke Omeletten auf beiden Seiten goldbraun ausbacken.

Dazu gibt man Spinat, Endivien, Spargel oder sonstiges Gemüse.

Eine andere Art Eyerkuchen

4 altbackene Semmeln (200 g)
2 Esslöffel Schnittlauch, fein geschnitten
1 Zwiebel, fein gehackt
40 g Butter
7 Eier
300 ml Milch
1 Esslöffel Mehl
Salz, Muskat
100 g Speckwürfelchen

- Die Semmeln in kleine Würfel schneiden und mit dem Schnittlauch und der Zwiebel in der Butter leicht rösten.

- In einer Schüssel die Eier mit der Milch und dem Mehl verquirlen, mit Salz und Muskat abschmecken und die Semmelwürfel dazugeben.
- In einer genügend grossen Bratpfanne die Speckwürfel auslassen. Den Teig darin portionenweise auf beiden Seiten langsam ausbacken.

Kochbuch-Zitat: «Man gibt ihn gemeiniglich mit Salat auf den Tisch.»

Speckkuchen

Teig:
250 g Halbweissmehl
100 g Butter, flüssig
100 ml kaltes Wasser
½ Esslöffel Salz

Belag:
2 Zwiebeln, in Streifen geschnitten
200 g Speckwürfel
50 g Butter
3 Eier
300 ml Sauerrahm
Salz, Kümmel

- Das Mehl in eine Schüssel geben. Die flüssige, aber nicht warme Butter mit dem Wasser und dem Salz mischen und unter das Mehl rühren, leicht zu einer glatten Masse mischen, aber nicht kneten.

- Für mindestens 20 Minuten kalt stellen.
- Den Teig messerrückendick auswallen und ein eingefettetes Kuchenblech damit auslegen. Rundum einen kräftigen Rand machen. Mit einer Gabel dicht einstechen, damit der Teig keine Blasen bildet.
- Für den Belag die Zwiebeln und den Speck in der Butter glasig dünsten. Mit den restlichen Zutaten vermischen und würzen.
- Auf den Kuchenteig giessen und bei kräftiger Unterhitze (ca. 200 °C) 20–30 Minuten im Ofen backen. Regelmässig kontrollieren, dass der Teig keine Blasen wirft, sonst mit der Gabel einstechen.

Eyer-Käs

5 Eier
1 Prise Salz
1 Muskatblüte (Macis)
300 ml Rahm
nach Belieben 2 Esslöffel Orangenblütenwasser

Mandeln und Rosinen als Garnitur

Zimtsauce:
200 ml Sauerrahm
25–30 g Zucker
Zimtpulver

Entweder:

- Die Eier verquirlen, Salz, Muskatblüte, den Rahm und nach Belieben das Orangenblütenwasser dazugeben. Unter starkem Rühren langsam erhitzen, bis die Masse anzuziehen beginnt. In ein Lochsieb stürzen und ablaufen lassen. Wenn sie erstarrt ist, wenden.

Oder:

- Alle Zutaten verrühren und in eine Schale geben. Die Schale stellt man in ein knapp siedendes Wasserbad auf den Herd oder bei 150°C in den Ofen. Wenn der «Eier-Käs» nach 45 Minuten bis 1 Stunde fest ist, aus dem Wasserbad nehmen und abkühlen lassen.
- Mit Mandeln und Rosinen garnieren oder mit einer Zimtsauce anrichten. Dazu alle Zutaten zur Sauce mischen und mit dem Schneebesen leicht schaumig schlagen.

«Jenes, das sie auch gelbe Blende nennen, und dieses, schwarze Blende genannt, werden gemahlen, das Mehl in Wasser zu einem dicken Brei gekocht und so gegessen. Die jenseitigen Deutschen rupfen den Teig wieder auseinander und braten ihn in Butter auf; der welsche Tiroler hingegen isst ihn so weg, manchmal Käse darauf gerieben, und das ganze Jahr kein Fleisch … Ausserdem essen sie noch Früchte und grüne Bohnen, die sie in Wasser absieden und mit Knoblauch und Öl anmachen.» In *Italienische Reise* über Mais und Buchweizen

Brei von Türkischem Korn: Polenta

1 l Wasser
Salz
250 g Maisgriess
geriebener Parmesankäse oder geröstete Zwiebelscheiben
50 g Butter

- Das Wasser kochen und salzen. Den Mais im Sturz hineingiessen und in der Mitte mit dem Kochlöffelstiel ein Loch machen, durch welches das Wasser in die Höhe kocht. Nach etwa 10 Minuten vom Feuer nehmen und zu einem dicken Brei rühren.
- Bei ganz kleiner Hitze zugedeckt noch 15 Minuten stehen lassen.
- Mit dem Löffel grosse Stücke abstechen und anrichten.
- Mit Parmesankäse bestreuen oder mit gerösteten Zwiebelscheiben belegen. Die Butter leicht bräunen und darübergiessen.

Polentaschnitten:
- Man kann die Polenta auch dicker machen (300 g Maisgriess nehmen) und rühren, bis sie ganz dick ist.
- Dann auf einem Blech ausstreichen und abkühlen lassen.
- Mit einem Bindfaden in Vierecke schneiden und diese in Butter braten.

Brei vom Heidekorn: Polenta nera

1½ l Wasser

Salz

300 g Buchweizenmehl

80 g Maismehl

100 g Butter, in kleinen Stücken

200 g geriebener Parmesan

- Das Wasser aufkochen, salzen und die beiden Mehlsorten einstreuen. Bei sehr schwacher Hitze und unter häufigem Rühren etwa eine Stunde kochen.
- Die Butter und den geriebenen Käse einrühren und nochmals etwa 10 Minuten kochen.

Dieses Rezept ist eine Spezialität der Lombardei.

«Frau Hofräthin Schopenhauer wird Dir, mein liebes Kind, einen Braten und eine Schachtel mit Kirschen überbracht haben, wovon ich einen guten Genuss wünsche. Es geht uns hier ganz gut. Kaaz hat sich wohlbefunden, und geht morgen früh ab. Ich habe ihm Geld mitgegeben, dass er Suppen-Ingredienzien schicken soll, wozu er auch etwas Parmesan-Käse legen will, als welcher zu den Macaronis ganz unentbehrlich ist.»

Goethe 1809 aus Jena an seine Frau

In den meisten Rezepten jener Zeit werden die Maccaroni nur knapp mit Wasser bedeckt eine Stunde lang weichgekocht, besser gesagt verkocht. Carl Friedrich von Rumohr, bedeutendster deutscher Küchentheoretiker (1785–1843), empfiehlt in seinem noch heute lesenswerten «Geist der Kochkunst», die Maccaroni nach der italienischen Methode in viel Salzwasser oder Fleischbrühe nur knapp weich zu kochen. Wir können annehmen, dass auch Goethe als bekennender Liebhaber der italienischen Küche diese Methode bevorzugt hat.

Maccaroni mit Butter und Parmesankäse

300 g Maccaroni
2 l Rindsbrühe (oder Salzwasser)
80 g Butter
Parmesan, gerieben

- Die Maccaroni in die kochende Rindsbrühe geben, al dente kochen und abgiessen.
- Die Butter in der Bratpfanne bräunen und mit den heissen Maccaroni mischen.
- Mit Parmesan bestreuen.

Maccaroni mit Schinken und Käse

250 g Maccaroni
200 g Schinken, in Streifen geschnitten
4 Eier
¼ l Rahm (oder Milch)
Salz, Muskat
Parmesan, gerieben
30 g Butterflocken

- Die Maccaroni in Salzwasser al dente kochen und kalt abspülen.
- In einer feuerfesten Form mit dem Schinken vermischen.
- Eier und Rahm verquirlen, würzen und über die Maccaroni giessen.
- Mit Parmesan bestreuen und die Butterflocken darüber verteilen.
- Bei 180 °C im Ofen etwa 30–40 Minuten goldbraun backen.

Von allerlei Backwerk

Der Küchenchef Jean Jacques Gautenier hatte in den Wirren der Französischen Revolution Paris verlassen und sich zuerst in Friedrichsdorf im Taunus niedergelassen. Später engagierte ihn der Frankfurter Bankier Bethmann als Koch in seinem gastfreundlichen Haus. Gautenier formte aus Brententeig – einer Frankfurter Spezialität, die sich bereits im Rezeptbuch von Goethes Grossmutter findet – nussgrosse Kugeln und schmückte sie seitlich mit vier halben Mandeln. Sie standen für die vier Bethmannschen Söhne Moritz, Karl, Alexander und Heinrich. Als Heinrich starb, wurden die Kugeln nur noch mit drei Mandelhälften garniert. Das war aber bereits 1845, also nach Goethes Tod.

Bethmännchen und Brenten gehören beide zu den Marzipanbackwaren. Ob man aus dem Teig die einen oder anderen formt, ist eigentlich unerheblich. Nur: die Brenten, die Goethe als «Teebrot» hoch schätzte und die ihm von seiner Mutter nach Weimar geschickt wurden, hatten dazumal keine mundgerechte Grösse, denn sie wurden in Modeln geformt.

Wie das mit solchen Spezialitäten so ist: Jede Familie buk die Brenten nach eigenem, strenggehütetem Rezept. Auch Goethes Mutter schwor auf ihre eigene Mischung. Nach ihrem Tod bezog der Sohn weiterhin Brenten vom Frankfurter Zuckerbäcker Anton Bernoully in der Töngesgasse 25. Auch Dichterkollege Grillparzer konnte nicht von den Brenten lassen. Und Mörike reimte: «Mandeln erstlich rat ich Dir, nimm drei Pfunde, besser vier …»

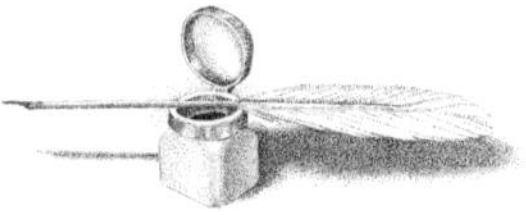

Bethmännchen

200 g Mandeln, gerieben
200 g Puderzucker
10–15 Bittermandeln, gerieben
2 Eiweiss, zu Schnee geschlagen
2–3 Esslöffel Mehl
1½ Esslöffel Rosenwasser (aus der Drogerie)

Butter
2 Eigelb
halbe Mandeln zum Dekorieren

- Die geriebenen Mandeln mit dem Puderzucker vermischen, die übrigen Zutaten dazugeben und verkneten.
- Etwas über walnussgrosse, in die Höhe gezogene Kugeln daraus formen und auf ein gefettetes Blech setzen. Über Nacht stehen lassen.
- Vor dem Backen mit dem Eigelb bestreichen.
- An jede Teigkugel drei halbe Mandeln drücken und die Bethmännchen bei 170°C etwa 10 bis 15 Minuten hellbraun backen.

«Die Rosen blühen und die Kirschen wollen reif werden ... Das Abendbrot wird meist im Garten verzehrt. Wenn Du nur wiederkömmst, wenn noch schöne Tage sind, dass wir noch mannichmal im Hause am Garten schlampampen können, da freue ich mich darauf. Der Kleine ... spricht immer von Dir, wie er Dir alles sagen will, was er kann. Itzo ist er sehr glücklich, wen er im Garten eine reife Kirsche sieht ...»

«Heute habe ich zum ersten Mal aus dem alten Garten Kirschkuchen gebacken, und aus dem Garten am Hause habe ich schon einmal Kohlrabi und 2 mal Artischocken gegessen.»

Beide Passagen aus Briefen Christianes an Goethe, Juli 1793

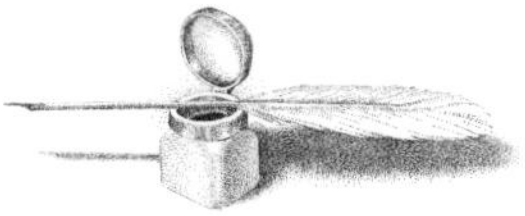

Kirschkuchen

125 g Weissmehl

125 g Butter

2 Esslöffel Weisswein

1 Eigelb

Butter

helles Paniermehl

Füllung:
125 g Mandeln, gerieben
70 g Zucker
1 Ei
2 Esslöffel Rosenwasser
1 Prise Zimt
6 Esslöffel Rahm
je 500 g süsse und saure Kirschen, entsteint
6 Eier
100 ml Doppelrahm
50 g Zucker
Puderzucker

- Das Mehl in eine Schüssel geben. Die weiche Butter in kleine Stücke schneiden und mit dem Wein und dem Eigelb gut verrühren.
- Alles zu einem glatten Teig arbeiten und auf einem gemehlten Brett auswallen, dabei einige Male übereinanderschlagen.
- Ein Backblech mit Butter ausstreichen und mit Paniermehl bestreuen. Mit dem ausgewallten Teig auslegen und rundum einen Rand bilden.
- Die Mandeln mit dem Zucker, dem Ei, dem Rosenwasser, dem Zimt und dem Rahm mischen und auf den Teig streichen. Die gut abgetropften Kirschen etwas ausdrücken und eng nebeneinander daraufsetzen.
- Die Eier mit dem Doppelrahm und dem Zucker verquirlen und darübergiessen.
- Bei 180 °C 30–40 Minuten hellbraun backen.

- Wenn der Teig Blasen wirft, mit einer Gabel einstechen.
- Den fertiggebackenen Kuchen mit Puderzucker bestäuben.

«Gestern war nun Eiersuchen bei mir. Der kleine Stein, Kästner mit seiner Schwester und Götze waren da. In jedem Neste, welche in dem Garten versteckt waren, lagen 3 Eier, ein rothes, gelbes und weisses, ausserdem ein Brottörtchen, eine Makrone, Bisquit und ein spanisches Butterbrot.»

Der zehnjährige August, Ostern 1799 an seinen Vater

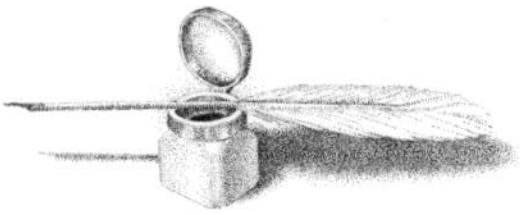

Makronen

250 g Mandeln
1 Eiweiss
250 g Zucker
30 g Maisstärke
½ Zitrone, abgeriebene Schale
3 Eiweiss

- Die Mandeln schälen, fein reiben und mit dem Eiweiss, dem Zucker, der Maisstärke sowie der fein abgeriebenen Zitronenschale zart stossen.

- Die Eiweiss zu Schnee schlagen und unter die Mandelmasse ziehen.
- Kleine Häufchen auf Oblaten (oder Butterpapier) setzen und bei 170°C etwa 20 Minuten backen.

Gefüllte Makronen:
Wie oben beschrieben, aber in die Mandelhäufchen eine kleine Mulde machen, etwas Himbeerkonfitüre hineingeben und mit etwas Mandelmasse bedecken. Wie oben weiterfahren.

Makronen mit Rosenwasser

370 g Mandeln
1 Eiweiss
2–3 Esslöffel Rosenwasser (aus der Drogerie)
250 g Zucker
½ Zitrone, abgeriebene Schale

- Die Mandeln schälen, reiben und mit dem Eiweiss sowie dem Rosenwasser zart stossen. Zucker und die fein abgeriebene Zitronenschale dazugeben und 10 Minuten rühren.
- Auf ein Butterpapier kleine Häufchen setzen und bei 170° etwa 20 Minuten backen.

Zimtwaffeln

125 g Butter

3 Eier

125 g Mehl

1 Prise Salz

70 ml Rahm

Zucker und Zimt nach Belieben

- Alle Zutaten gut verrühren und portionenweise im Waffeleisen ausbacken.
- Mit Zucker und Zimt bestreuen.

«Aus der Zuckerbrodsschachtel habe ich auch einige Stückchen Kuchen gegessen. Ich freue mich sehr auf die Reise nach Rossla … Leben Sie wohl und behalten Sie mich lieb. August Goethe»

Brief des Sohnes an den Vater, Juni 1798

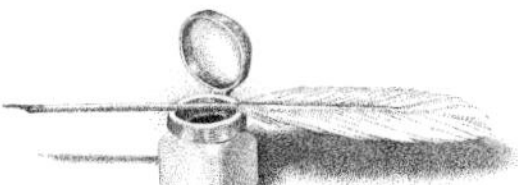

Zuckerbrod

250 g Zucker
8 Eigelb
8 Eiweiss, zu Schnee geschlagen
200 g Weissmehl
helles Paniermehl
Hagelzucker

- Den Zucker mit den Eigelben 20 Minuten schaumig schlagen.
- Anschliessend in mehreren Portionen den Eischnee darunterziehen und gleichzeitig das Mehl durch ein Sieb dazugeben.
- Auf einem Backblech ein Backpapier mit hellem Paniermehl dünn bestreuen und die Masse ganz dünn daraufstreichen. Mit Hagelzucker bestreuen und bei 160 °C etwa 15 Minuten backen.
- In 2 x 4 cm grosse Stücke schneiden.

Damals besass ein gut ausgerüsteter Haushalt offenbar kleine Blechförmchen, um dieses Gebäck einzeln darin zu backen. Diese Förmchen sind zwar heute noch im Hotelbedarf erhältlich, doch müsste man sich immerhin etwa 30 Stück davon beschaffen.

flüssige Butter

helles Paniermehl

6 Eier

6 Eigelb

250 g Zucker

180 g Mandeln, gerieben

6 Eiweiss

20 g Zitronat, fein gehackt

20 g Orangeat, fein gehackt

1 Kaffeelöffel Muskatblüte (Macis)

½ Kaffeelöffel Zimt

1 Messerspitze Nelkenpulver

½ Kaffeelöffel Anis

250 g Roggenbrot, grob gerieben

- Eine Springform gut ausbuttern und mit Paniermehl ausstreuen.
- Eier und Eigelbe mit dem Zucker 10 Minuten rühren. Die Mandeln darunterziehen. Das Eiweiss zu Schnee schlagen und ebenfalls darunterziehen. Die kandierten Früchte und die Gewürze dazugeben. Das grob geriebene Brot einstreuen und die Masse sofort in die Springform füllen und bei 180°C backen.

Goethe besuchte die böhmischen Bäder im allgemeinen und Karlsbad im besonderen immer wieder. Dort begann er seine Reise nach Italien, später nahm er seinen Anhang dorthin mit und traf unter anderem mit Beethoven zusammen. Wir haben in keinem Kochbuch dieser Zeit ein Strudelrezept gefunden. Nach einer Notiz in einem Küchenlexikon ist der Karlsbader Strudel «knusprig und hauchdünn, mit Mandeln, Vanille und Zucker gefüllt». Wir dürfen also annehmen, dass es sich um einen Rahmstrudel gehandelt hat.

Carlsbader Strudl

200 g Weissmehl
100 ml Milch
1 Esslöffel Öl
1 kleines Ei
1 Kaffeelöffel Salz

Füllung:
50 g Butter
1 Kaffeelöffel Vanillezucker
60 g Zucker
2 Eigelb
300 ml Doppelrahm
2 Eiweiss, zu Schnee geschlagen
1 Semmel, in kleine Stücke gerissen

100 g flüssige Butter
50 g Mandeln, gerieben

- Das Mehl in eine Schüssel sieben. Die restlichen Zutaten verklopfen und in die Mitte geben. Alles rasch zu einem glatten Teig verkneten. Etwa 20 Minuten an der Wärme ruhen lassen. Nochmals tüchtig schlagen und wieder 20 Minuten ruhen lassen.
- Für die Füllung Butter, beide Zucker und die Eigelbe 10 Minuten schaumig schlagen. Dann die übrigen Zutaten darunterziehen.
- Eine grosse Serviette auslegen und bemehlen. Den Teig zuerst darauf auswallen und anschliessend über dem Handrücken gleichmässig papierdünn ausziehen.
- Mit flüssiger Butter bepinseln und mit geriebenen Mandeln bestreuen. Die Füllung darauf verteilen, so dass ein Drittel des Teiges frei bleibt. Die seitlichen Ränder über die Füllung schlagen und den Teig durch Anheben des Tuches sorgfältig einrollen. Mit flüssiger Butter bestreichen und bei 180 °C etwa 40 Minuten backen. Ab und zu mit Butter bepinseln.

Von Süssspeisen

Zeitgenossen berichten, dass Goethe zum Dessert lieber Käse als Süssspeisen hatte. Wir bringen hier ein paar wenige Rezepte – weitere im letzten Kapitel – von Süssspeisen und auch Getränken, wie sie zu jener Zeit im Schwange waren: Einleitend das Rahmeis, das der kleine Johann Wolfgang und seine Schwester Cornelia während der französischen Einquartierung im Frankfurter Elternhaus kennenlernten. Und abschliessend der Weinschaum, der als Sabayon oder Zabaione heute noch beliebt ist.

Gefrorenes vom Rahm: Vanilleeis

½ l Rahm
2 Vanillestengel
120 g Zucker
5 Eigelb

- Den Rahm aufkochen. Die Vanillestengel aufschneiden, die Samen herauskratzen und mit den Stengeln in der Milch aufkochen.
- Den Zucker mit den Eigelben 10 Minuten schaumig rühren. In den heissen, aber nicht kochenden Rahm einrühren, bis die Masse dicklich wird (auf keinen Fall kochen). Durch ein Sieb streichen und auskühlen lassen. In der Eismaschine gefrieren lassen.

Zu Goethes Zeit gab's natürlich noch keine Eismaschinen und auch keine Tiefkühltruhe. Daher hiess es: «In einen Kübel sehr viel zerstossenes Eis füllen, das mit Salz bestreut wird. Da hinein wird die Eisbüchse gesetzt, dass sie von Eis umgeben ist. Mit einer Holzkelle fleissig die Vanillemasse umrühren, sobald sie am Rand beginnt zu gefrieren. Ist die Masse endlich durchgefroren wie harte Butter, wird es in Gläser oder Förmchen zur Tafel gegeben. Es muss aber stark gerührt werden, dass keine Eisklümpchen dazwischen bleiben.» Die Eisbüchse war ein hohes, dünnes Blechgefäss mit Deckel. Das Salz beschleunigt den Gefrierprozess, mit diesem Trick wurde die Tiefkühltruhe ersetzt.

Erdbeeren mit Milch

1 kg reife Erdbeeren
60 g Zucker
1 Kaffeelöffel Zimt
½ l Milch oder Rahm

- Die Erdbeeren waschen und trocknen. Mit Zucker und Zimt bestreuen und die Milch darübergiessen.
- Mindestens 30 Minuten ziehen lassen und dann servieren.

Vergorener Himbeersirup

3 kg Himbeeren
250 g Zucker pro 1/4 l Saft

- Die Himbeeren in einem Steinguttopf etwa 2 Tage stehen lassen, bis sie säuerlich werden. Den Saft durch ein Tuch passieren und die Früchte gut ausdrücken, so dass nur die Kerne zurückbleiben. Den Saft nochmals stehen lassen, bis er gärt.
- Den Zucker mit wenig Wasser aufkochen und gut abschäumen. Den Saft dazugeben und aufkochen. Auf nicht allzu starkem Feuer kochen lassen, bis der Saft eingedickt ist. Die Probe dafür: «Einige Tropfen auf einem Tellerchen abgekühlet und probieret, ob es steht. Sobald es wie Gallert steht, wenn es kalt ist, so ist es recht und muss man es sofort vom Feuer abnehmen.»
- Abkühlen lassen, in Fläschchen abfüllen und mit einem Korken verschliessen, ja nicht mit einem starren Verschluss! Falls der Sirup nachgären sollte, kann die Flasche sonst explodieren.

«Dieser Saft ist schön an vielen Sossen und Speisen, solchen eine schöne Farbe und einen guten Geschmack damit zu geben.» So steht es in einem zeitgenössischen Kochbuch. Wenn Sie in der Beerenzeit einen grösseren Posten reifer Beeren bekommen können, greifen Sie zu! Dieser Himbeersaft ist auch eine wunderbar aromatische Basis für viele Desserts im Winter.

Mandelmilch

250 g Mandeln

1 l Wasser

2 Esslöffel Orangenblütenwasser

(aus der Drogerie)

Zucker nach Belieben

- Die Mandeln schälen, fein reiben und mit wenig Wasser zart stossen.
- Mit dem restlichen Wasser und dem Orangenblütenwasser mischen und 30 Minuten stehen lassen.
- Durch eine Serviette pressen und nach Belieben mit Zucker süssen.

Dazu im Originalrezept: «Sie wird so beim Tanz oder sonst nach Verordnung getrunken.»

Weinschaum

½ Flasche fruchtiger Weisswein

125 g Zucker

1 Zitrone, Saft und abgeriebene Schale

5 Eier

12 g Maisstärke

1 Prise Zimt

- Alle Zutaten in einem Topf mit dem Schneebesen schaumig schlagen. Auf kleiner Flamme unter ständigem Schlagen langsam erhitzen, «dass es nicht klüttert oder käset». Kurz vor dem Sieden in eine grosse kalte Schüssel umgiessen und noch eine Weile weiterschlagen.

- «Sollte es aber ein wenig klümpicht oder uneben werden, so muss man es gleich durch ein feines Sieb treiben und denn wie vorher in eine Schüssel geben; so ist es recht.»
- Nach Belieben mit Makronen oder anderem kleinem Backwerk gekühlt servieren.

Für weniger geübte Köchinnen und Köche empfiehlt es sich, die Creme über einem Wasserbad aufzuschlagen: Man gibt alle Zutaten in eine grosse Schüssel und stellt diese auf einen Topf mit Wasser. Während man die Creme ständig aufschlägt, lässt man das Wasser aufkochen. Dann reduziert man die Hitze ein wenig und schlägt die Creme weiter, bis sie dicklich wird.

UND ZU GUTER LETZT DREI KOMPLETTE MENÜS À LA GOETHE

Zum ersten:

Ein kräftiges Essen für müde Krieger

Im April 1813 berichtet Goethe seiner Frau aus Dresden: «Des Nachts weckte mich eine fürchterliche Erscheinung. Die Strasse war von Fackellicht erhellt, und wildes Kriegsgetöse hatte mich aus dem Schlafe geschreckt. ... Es war eine unangesagte Einquartierung ... Doch sind die Wirthe das nun schon gewohnt, sie haben Stuben und Lager, wie sie konnten eingerichtet, Essen halten sie schon gekocht parat und wärmen es nur. Dicke Grütze, Rindfleisch und Sauerkraut, Kartoffelsalat mit viel Zwiebel und Knoblauch, Brandtewein sind die Hauptingredienzien des Gastmahls.»

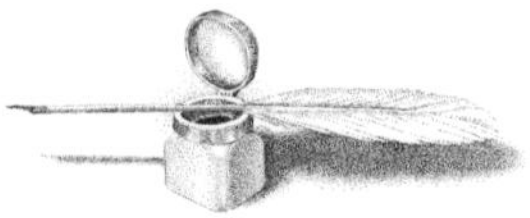

Dicke Habergrütze

100 g Hafergrütze
40 g Butter
2 l schwache Fleischbrühe
Salz, Muskatblüte (Macis)
4 Weissbrotscheiben
20 g Butter
nach Belieben Kräuter, Schinkenwürfel oder Champignons

- Die Hafergrütze in der Butter leicht anziehen lassen. Mit der Brühe ablöschen und 1½–2 Stunden kochen lassen.
- Abschmecken und nach Bedarf mit Wasser verdünnen.
- Die Brotscheiben in der Butter rösten und in die Suppenteller geben.
- Mit der Suppe übergiessen.
- Nach Belieben mit Kräutern, Schinkenwürfeln oder Champignons verfeinern.

Wir würden heute die Suppe wohl etwas dünner machen (nur 70 g Hafergrütze nehmen) und vielleicht mit Rahm verfeinern.

Sauerkraut mit Rindfleisch

2 Esslöffel Gänse- oder Schweineschmalz oder Butter
1 Zwiebel, fein geschnitten
1 Kaffeelöffel Mehl
1 kg rohes Sauerkraut
200 ml Weisswein
800 g geräuchertes Rind- oder Schweinefleisch (Rippchen, Hals, Schinken)
schwache Rindsbrühe

- Die Zwiebel im Fett dünsten und mit dem Mehl bestäuben.

- Das Sauerkraut beigeben und kurz mitdünsten. Mit dem Wein ablöschen.
- Das Fleisch in die Mitte des Krauts legen und mit wenig Brühe auffüllen.
- Je nach Fleischstück 1–3 Stunden zugedeckt bei schwacher Hitze weich schmoren. Ab und zu etwas Brühe nachgiessen.

Nach Belieben Salzkartoffeln dazugeben.

«Man kann auch einen Fasan oder einen gespickten Hasen in Stücklein zerhauen, salzen, im Butter halb braten und im Kraut vollends auskochen», heisst es im Originalrezept.

Kartoffelsalat mit viel Zwiebeln und Knoblauch

1 kg Kartoffeln
2 Zwiebeln
2 Knoblauchzehen
Essig, Öl
Salz, Pfeffer

- Die Kartoffeln im Dampf 20–40 Minuten weich kochen, auskühlen lassen und schälen. In nicht zu dünne Scheiben schneiden.
- Die Zwiebeln in feine Scheiben schneiden, den Knoblauch hacken.

- Essig, Öl und die Gewürze zu einer kräftigen Salatsauce verrühren und sorgfältig mit den restlichen Zutaten mischen.

Man kann den Kartoffelsalat verfeinern, dann heisst er:

Zierlicher Kartoffelsalat

1 kg Kartoffeln
2 hartgekochte Eier
1 kleine Dose Sardellen
2 Esslöffel Kapern
1 Bund Petersilie
1 Zwiebel
Essig, Öl
Salz, Pfeffer

- Die Kartoffeln im Dampf 20–40 Minuten weich kochen, in Scheiben schneiden und auf eine flache Platte geben.
- Die restlichen Zutaten hacken und darüberstreuen.
- Essig, Öl, Salz und Pfeffer zu einer kräftigen Salatsauce verrühren und darübergiessen.

Zum zweiten:

Ein fröhliches Essen mit guten Bekannten

«Meinem lieben Bruder in Apoll und Genossen in Ceres vermelde hierdurch freundlichst, dass ich in Oberrossla angelangt bin, um von meiner Hufe und dem Zugehörigen Besitz zu nehmen. Wie mich nun eine nahe Nachbarschaft herzlich erfreut, so wollte ich hiermit höflichst gebeten haben, morgen gegen Mittagszeit Sich aus Euro Palästen in unsere Hütten zu begeben, mit einem juristisch-ökonomischen frugalen Mahl vorlieb zu nehmen und mir nach langer Zeit ein fröhliches Wiedersehen zu verschaffen.» Diese Einladung schrieb Goethe am 22. Juni 1798 an Wieland, der sich ganz in der Nähe von Oberrossla, in Ossmannstädt, angesiedelt hatte. Was man sich unter einem ungezwungenen Mittagsmahl in der Sommerfrische vorzustellen hat, geht aus einem Brief samt Speisezettel hervor, den Christiane ein paar Tage vorher an ihren «lieben Schatz» schickte, der noch in Jena war: Sago-Suppe, Rindfleisch mit Senf, Grüne Erbsen mit jungen Hühnern, Forellen oder Back-Fische, Wildpretsbraten und Gänse, Torte und Rührkuchen.

Sagosuppe

100 g Sago
2½ l Hühnerbrühe
nach Belieben kleine Champignon-, Schinken-, Geflügel- oder Zungenwürfelchen
Salz, Muskat
2 Eigelb

- Den Sago in warmem Wasser 15 Minuten einweichen, dann das Wasser abgiessen. Mit der Brühe aufkochen und 1–2 Stunden leise köcheln lassen. Die gewünschte Suppeneinlage beifügen.
- Falls die Suppe zu dick ist, Wasser nachgiessen. Mit Salz und Muskat abschmecken.
- Vor dem Servieren die beiden Eigelbe mit wenig Suppe in der Suppenschüssel verrühren und die restliche Suppe unter ständigem Schwingen kochendheiss darübergiessen.

Viele Rezepte aus dieser Zeit sind nicht in allen Zutaten festgeschrieben, sondern variieren je nach den Beständen in der Vorratskammer.

600–800 g Entrecôte oder Hohrücken am Stück
Salz, Pfeffer
60 g Bratbutter, flüssig
1 Zitrone, Saft und Schale

Sauce:
60 g Butter
3 Schalotten, fein gehackt
je 1 Esslöffel Gartenkresse, Petersilie, Schnittlauch, Thymian, gehackt
4 Esslöffel Senf
2 Eigelb
1–2 Esslöffel Essig
Salz

- Das Fleisch kräftig würzen und mit der Butter einpinseln. Im Ofen bei 180 °C 45–60 Minuten braten. (Am besten verwendet man dazu ein Fleischthermometer: Bei etwa 50 °C ist das Fleisch blutig, bei 60 °C rosa und bei 70 °C durchgebraten.) Das Fleisch wiederholt mit der Butter einpinseln, gegen Schluss der Bratzeit mit dem Zitronensaft beträufeln und mit der fein abgeriebenen Zitronenschale einreiben. Im ausgeschalteten Ofen noch etwas ruhen lassen.
- Für die Sauce die Butter schmelzen, Schalotten und Kräuter kurz darin dünsten und wieder vom Herd ziehen. Senf und Eigelbe in die warme Sauce einrühren und mit Essig und Salz abschmecken. Die Sauce lauwarm zum Braten servieren.

Grüne Erbsen mit jungen Hühnern

2 junge Hühnchen (Poulets)
Salz
50 g Butter

50 g Butter
500 g frische grüne Erbsen (evtl. auch tiefgekühlte)
1 Kaffeelöffel Mehl
1 Esslöffel Petersilie, gehackt
2 Eigelb

- Die Hühnchen mit einer Geflügelschere oder einem Sägemesser halbieren: Auf beiden Seiten des Rückenknochens durchschneiden und diesen entfernen. Mit einem kleinen Messer auf beiden Seiten des Brustbeins das Brustfleisch ablösen und mit der Schere anschliessend entlang des Brustknochens vollständig durchschneiden.
- Die Hühnerhälften salzen und in der Butter rundum kurz anbraten. Soviel Wasser zugeben, dass das Fleisch knapp bedeckt ist und nochmals salzen. Aufkochen und die Hitze sofort reduzieren, dass die Flüssigkeit nicht mehr kocht. Etwa 20 Minuten zugedeckt durchziehen lassen.
- Inzwischen für das Erbsengemüse die Butter schmelzen und die Erbsen dazuschütten. Zugedeckt bei kleiner Hitze etwas dämpfen und die Pfanne ab und zu schwenken. Mit dem Mehl bestäuben und etwa ein Glas von der Hühnerbrühe dazugeben. Die Petersilie

zufügen, die Pfanne vom Herd nehmen und sofort die beiden Eigelbe dazurühren. Wenn die Hühner fertiggegart sind, noch soviel Hühnerbrühe zu den Erbsen geben, dass eine angenehme Sauce entsteht und abschmecken.

- Die Hühner in eine vorgewärmte Schüssel geben und die Erbsen darumherum anrichten.

Als Fischgericht:

Forelle blau

4 frische Bachforellen
ca. 1/4 l Rotweinessig
300 ml Rotwein
Salz
3 Lorbeerblätter
3 Nelken
1 Kaffeelöffel Pfefferkörner
1/2 Zitrone, ausgepresst
1 Zwiebel, in Stücke geschnitten
Kräuter nach Belieben (Petersilie, Dill, Estragon, Kerbel)
1 Bund Petersilie
Essig, Öl

- Die Forellen ausnehmen, aber nicht schuppen. Kopf und Schwanz zusammenbinden oder mit einem Zahnstocher zusammenstecken. Den Essig aufkochen und siedend über die Fische giessen. In einer Kasserolle den Wein zusammen mit soviel Wasser aufkochen, dass die Flüssigkeit nachher die Fische bedeckt. Den Sud salzen und alle Gewürze, Zitronensaft, Zwiebel und Kräuter beifügen.

- Sobald der Sud kocht, die Fische zusammen mit dem Essig hineingeben und eine gute Viertelstunde sieden lassen.
- «Wenn sie fertig sind, sofort herausnehmen und ein paar Löffel kaltes Wasser darauf herumgiessen und mit einem Bogen weisses Papier zudecken, damit der Dampf nicht entweichen kann, sonst wird der Fisch eher schwarz.
- Will man anrichten, breitet man eine Serviette auf eine Platte, legt die Fische darein und garniert sie mit Petersilie. Essig und Öl wird besonders dazu aufgestellt.»

Als Wildpretsbraten:

Rehkeule

1 frische Rehkeule, gespickt
ca. 300 ml Rotwein
je 2 Lorbeerblätter und Nelken
½ Zitrone, abgeriebene Schale
Salz, Pfeffer
40 g Butter zum Braten
200 ml Sauerrahm

- Die Rehkeule am besten vom Metzger spicken lassen. Im Rotwein mit den Gewürzen und der Zitronenschale 1–2 Tage im Kühlschrank beizen. Herausnehmen, abtrocknen und kräftig würzen.
- Bei milder Hitze in der Butter anbraten. Mit etwas Wein ablöschen und den Sauerrahm dazurühren.
- Im Ofen bei 160 °C 1–1½ Stunden braten. Fleissig mit der Sauce übergiessen und nach und nach noch mehr Wein dazugiessen.
- Die fertiggegarte Rehkeule im abgeschalteten Ofen auf einer Platte warm stellen.
- Die Sauce in ein Pfännchen giessen und je nach Bedarf mit etwas Wein verdünnen und einkochen, bis sie schön sämig ist. Durch ein Sieb passieren und abschmecken.
- Die Rehkeule mit der Sauce übergiessen und auftragen.

Um den richtigen Garpunkt zu finden, gibt es zwei Möglichkeiten: Ein Fleischthermometer bis auf den Knochen in die Keule stecken, die Innentemperatur muss 60 °C betragen. Oder die Keule an der dicksten Stelle mit einem scharfen Messer einschneiden, das Fleisch soll innen noch rosa sein.

Gänsebraten

1 junge Gans ($2\frac{1}{2}$–3 kg), küchenfertig

Füllung:
2 Brötchen
1 Leber der Gans, gehackt
1 Bund Petersilie, gehackt
1 Zwiebel, gehackt
1 Apfel, in Stückchen
1 Messerspitze Nelkenpulver
2 Thymianzweige, gezupft
Pfeffer, Salz
3 Eier, verquirlt
400 g Kastanien, gekocht

200 ml Fleischbrühe
Maisstärke nach Bedarf

- Die Gans innen und aussen salzen und 30 Minuten ruhen lassen.
- Für die Füllung die Brötchen in Wasser einweichen und ausdrücken. Mit den restlichen Zutaten gut verkneten und würzen. Die Gans damit füllen und zunähen.
- In ein feuerfestes Bratgeschirr legen und 2 cm hoch Wasser dazugiessen. Bei 160 °C je nach Grösse $2\frac{1}{2}$–$3\frac{1}{2}$ Stunden braten. Regelmässig mit dem Wasser übergiessen. Gegen Schluss der Garzeit die Temperatur auf 180 °C erhöhen. Die Gans herausheben und im ausgeschalteten Ofen warm stellen.

- Den Fond in ein kleines Pfännchen giessen, das Fett abschöpfen, mit etwas Brühe verdünnen, abschmecken und mit Maisstärke binden.

Es lohnt sich, eine junge, frische Gans zu nehmen.

Tortenrezepte gibt es natürlich auch schon zu Goethes Zeit in einer bunten Vielzahl, das folgende ist ein besonders hübsches.

Sandtorte

250 g Butter
4 Eier
4 Eigelb
120 g Zucker
1 Messerspitze Zimt
2 Esslöffel Arrak (oder Aprikosenschnaps)
250 g Weissmehl
1 Zitrone, abgeriebene Schale

Butter
Früchtekompott nach Belieben (Himbeer-, Kirschen- oder Quittenkompott)
Zucker und Zimt zum Bestreuen

- Die weiche Butter mit den Eiern, den Eigelben, dem Zucker, dem Zimt und dem Arrak 10 Minuten schaumig rühren. Das Mehl und die fein abgeriebene Zitronenschale darunterziehen.

- Ein Kuchenblech mit Backpapier auslegen und mit Butter einpinseln.
- Zwei Drittel des Teigs darauf als Boden auslegen und mit einer Gabel gut einstechen. Ein zweites Blech ebenfalls mit Backpapier belegen und darauf den restlichen Teig zu einem Gitter in derselben Grösse wie der Boden auslegen.
- Beides bei 120 °C im Ofen etwa 1 Stunde hell backen.
- Den Boden mit dem Früchtekompott belegen und das Kuchengitter daraufsetzen. Mit Zucker und Zimt bestreuen.

Zum dritten und letzten:

Ein förmliches Essen mit illustren Gästen

Die Wiedersehens-Festtafel mit der Witwe Charlotte Kestner, geborene Buff, deren erwachsener Tochter, Goethes Sohn August sowie Hofrat Meyer, Oberbaurat Coudray, Bergrat Werner und einigen anderen Gästen hat kein Zeitgenosse Goethes geschildert, sondern Thomas Mann. Er beschreibt das Wiedersehen Goethes mit seiner Jugendgeliebten, die der Versuchung nicht widerstehen kann, den seit kurzem ebenfalls Verwitweten nach fast einem halben Jahrhundert noch einmal wiederzusehen. «Und er sieht sie, ein wenig gestört, und sie sieht ihn, ein wenig enttäuscht und noch geheimnisvoll berührt von diesem etwas gespenstischen Wiedersehen …», schrieb ein anderer Grosser dazu: Stefan Zweig. Die folgenden Passagen stammen alle aus Manns «Lotte in Weimar». In Originallänge füllt die Schilderung des Gastmahls, der teilnehmenden Personen und der Tischgespräche Seite um Seite:

«Goethe war damals siebenundsechzig. Charlotte hätte von Glück sagen können, dass sie ihn jetzt wiedersah und nicht fünfzehn Jahre früher, zu Beginn des Jahrhunderts, wo die schwerfällige Beleibtheit, mit der es schon in Italien angefangen hatte, auf die Höhe gekommen war …

‹Liebe Freunde, man bittet uns zur Suppe›, sagte er. Damit trat er auf Lotte und Lottchen zu, nahm sie mit einer gewissen Contretanz-Zierlichkeit bei den Händen und eröffnete mit ihnen den Eintritt in den anstossenden sogenannten Gelben Saal, wo heute gedeckt war, weil das weiterhin gelegene Kleine Esszimmer für sechzehn Personen nicht ausgereicht hätte …

Die Suppe, eine sehr kräftige Brühe mit Markklösschen darin, hatte ringsherum bereitgestanden, als man seine Plätze einnahm. Der Hausherr brach mit einer Bewegung, die etwas Weiheartiges hatte, sein Brot über dem Teller. Er nahm sich im Sitzen viel besser und freier aus denn im Stehen und Gehen, vor allem hätte man ihn sitzend für grösser geschätzt, als die aufrechte Haltung ihn zeigte. Aber es war wohl die Situation selbst, der gastgeberisch-hausväterliche Vorsitz bei Tische, der seiner Erscheinung Bequemlichkeit und Behagen verlieh: er schien sich in seinem Element zu fühlen …

Während ihr Hausfrauensinn nicht umhin konnte, festzustellen, dass die Markklösschen tatsächlich ‹treu bereitet›, das heisst: musterhaft locker und fein von Substanz waren, hielt ihr ganzes Wesen in einer Spannung, einer Erwartung aus, die sich gewissen Regungen trotzig entgegensetzte und keineswegs darauf verzichtete, mit ihnen fertig zu werden …

Unterdessen wurden die Teller gewechselt und ein überbackenes Fisch-Ragout mit Pilzen in Muscheln serviert, das Charlotte, obwohl es ihr an Esslust fehlte, sachlich als ausnehmend schmackhaft beurteilen musste …

Goethe hatte sich als einziger zwei von den Muscheln genommen, liess dann aber die zweite fast unberührt. Dass bei ihm, wie man zu sagen pflegt, die Augen weiter gingen, als der Magen, zeigte sich auch nachher bei dem vorzüglichen Filet, das, mit Gemüsen reich garniert, auf langen Schüsseln herumgereicht wurde, und wovon er sich so überreichlich auf den Teller häufte, dass er zuletzt die Hälfte übrigliess. Dagegen trank er in grossen Zügen vom Rheinwein sowohl wie vom Bordeaux, und sein Einschenken, das wie jenes Brotbrechen jedesmal etwas Ceremonielles hatte, galt vorzugsweise ihm selber. Die Piesporterflasche musste bald ausgewechselt werden …

Das Entremets war eine Himbeer-Crème, sehr duftig, mit Schlagrahm geschmückt, nebst Löffelbisquits als Zugabe. Gleichzeitig wurde Champagner gereicht, den nun denn doch, die Flasche in eine Serviette gehüllt, der Bediente einschenkte, und Goethe, der schon den vorigen Weinen ausgiebig zugesprochen hatte, trank rasch hintereinander, wie im Durst, zwei Spitzkelche davon: das geleerte Glas hielt er dem Diener sogleich über die Schulter wieder hin …

Eine neue persönliche Aufmerksamkeit ihres Tischherrn hätte sie fast überhört. Er redete ihr zu, doch ‹ein

Minimum› (so drückte er sich aus) von diesem Compott zu nehmen, und halb unbewusst, nahm sie auch wirklich davon …

Man servierte Kaffee gleich bei Tische, Goethe trank keinen, sondern nahm statt dessen zu dem Nachtisch, der dem Obste folgte und aus allerlei Confect, Tragantkringeln, Zuckerplätzchen und Rosinen bestand, noch ein Gläschen Südweines namens Tinto rosso. Danach hob er die Tafel auf …»

Französische Bouillon mit Markklösschen

50 g ausgelöstes Rindermark
70 g Weissbrot, ohne Rinde
1 Ei
1 Eigelb
40 g Parmesan, gerieben
Salz, Muskat

1½ l heisse Fleischbrühe
(notfalls aus Bouillonwürfeln)
2 Esslöffel Kräuter, gehackt
1 Esslöffel Schnittlauch, sehr fein geschnitten

- Das Mark hacken und in einer Pfanne dünsten. Das Brot dazureiben und verrühren. In einer Schüssel das Mark mit den restlichen Zutaten gut mischen.

- Mit zwei Kaffeelöffeln Klösschen formen und in der Fleischbrühe unterhalb des Siedepunkts gar ziehen lassen. Mit den Kräutern bestreuen.

Das Brot muss fein genug sein, sonst fallen die Klösschen auseinander.

Überbackenes Fischragout mit Pilzen und Muscheln

1 kg Miesmuscheln
600 g Fischfilets (Hecht, Zander, Barsch)
1 Zitrone, Saft
Salz

60 g altbackenes Weissbrot
50 g Butter
ca. 100 ml Milch
2 Eier
1 Esslöffel Kräuter (Estragon, Kerbel, Dill, Petersilie), gehackt
Salz, Pfeffer
100 g frische Morcheln oder 25 g getrocknete, eingeweicht
200 ml Weisswein
Butter

- Die Muscheln putzen, waschen und die offenen wegwerfen. Eine grosse Kasserolle etwa 1 cm hoch mit Salzwasser füllen und aufkochen. Die Muscheln hineinwerfen, sofort zudecken und kräftig schütteln.

Sobald die Muscheln sich geöffnet haben, vom Feuer nehmen, die Muscheln aus der Schale lösen und den Bart wegschneiden. Geschlossene Muscheln wegwerfen.

- Das Fischfleisch in Ragoutstücke schneiden und mit Salz und Zitronensaft marinieren.
- Das Brot grob hacken, mit der Butter und der Milch mischen und bei mittlerer Hitze rühren, bis eine dicke Masse entsteht. Vom Herd nehmen, die Eier und die Kräuter darunterziehen und abschmecken.
- Die Morcheln hacken.
- Eine Gratinplatte gut ausbuttern. Das Fischragout und den Wein hineingeben, mit der Brotmasse bestreichen und mit den Morcheln bestreuen. Bei 180 °C etwa 30 Minuten im Ofen garen. 5 Minuten vor Ende der Garzeit die Muscheln im Kranz um das Ragout legen und mitbacken.

600–800 g Rindsfilet, gespickt
200 ml Rotwein
Salz, Pfeffer
1 Zwiebel, grob gehackt
3 Nelken
2 Lorbeerblätter
½ Zitrone, abgeriebene Schale
ca. ¼ l Fleischbrühe
1 Schwarzbrotscheibe, Rinde davon

3–5 Gemüse, wahlweise Karotten, Erbsen, Zuckererbsen, Kohlrabi, Sellerie, Blumenkohl
50 g Butter

- Das Rindsfilet 2–3 Tage im Kühlschrank im Wein marinieren.
- Das Fleisch herausnehmen, in eine feuerfeste Form legen und kräftig würzen.
- Die Zwiebel, Nelken, Lorbeerblätter sowie die abgeriebene Zitronenschale dazugeben und mit der Brühe sowie 100 ml von der Rotweinmarinade auffüllen. Die Brotrinde in Stücke zerpflücken und ebenfalls beifügen. Mit einem gut schliessenden Deckel (notfalls mit Alufolie) zudecken und 2–3 Stunden bei 140 °C im Ofen garen. Ab und zu die Flüssigkeit kontrollieren und bei Bedarf etwas Wasser nachgiessen.
- Den Braten auf eine Platte geben, die Sauce nochmals aufkochen, abschmecken, durch ein grobes Sieb drücken und über den Braten geben.

- Das Gemüse putzen und je nach Sorte in Stücke schneiden. Nach Sorten getrennt in Salzwasser knapp weich kochen und vor dem Servieren in der Butter aufwärmen. Das Rindsfilet mit dem Gemüse umlegen.

Das Rindsfilet soll so weich sein, dass man es mit Gabel und Löffel essen kann. Für uns ist es ungewöhnlich, Rindsfilet so lange zu schmoren. Doch ein Versuch lohnt sich, denn während der langen Garzeit wird das Fleisch wunderbar aromatisch. Wer auf den beliebten Bratgeschmack nicht verzichten will, kann das Rindsfilet auch wie üblich braten.

Anstelle eines Filets kann man auch einen gut gelagerten Huftdeckel nehmen, der weniger teuer ist.

Himbeercreme

1 l Himbeeren
200 ml Rahm
1 Zitrone
2 Würfel Zucker
Zucker nach Belieben

- Die Himbeeren (einige davon für die Garnitur zurückbehalten) zerdrücken und mit dem Rahm mischen. Durch ein Sieb streichen, so dass nur die Kerne zurückbleiben.
- Die Zitronenschale mit den beiden Zuckerwürfeln abreiben und diese zur Creme geben. Nach Belieben

zuckern. Die Masse mit dem Schneebesen kräftig schlagen, bis sie schön schaumig wird.

- In eine Schüssel füllen und kalt stellen. Mit schönen Himbeeren garnieren.

Im Winter kann man eine solche Creme auch mit eingemachtem Himbeersaft zubereiten, dann den Zucker weglassen.

Löffelbiscuits

3 Eigelb
70 g Zucker
½ Zitrone, fein abgeriebene Schale
1 Prise Vanillezucker
50 g Weissmehl
50 g Maisstärke
3 Eiweiss, zu Schnee geschlagen

- Die Eigelb mit dem Zucker, der Zitronenschale und dem Vanillezucker 15 Minuten schaumig rühren. Mehl, Maisstärke und den Eischnee mit einem Spatel sorgfältig darunterziehen.
- Die Masse in Papierkapseln füllen. Falls solche nicht vorhanden sind, ein Backblech mit Backpapier auslegen und mit einem Dressiersack etwa 1 cm dicke, fingerlange Streifen auf das Papier spritzen.
- Bei 160 °C 15–20 Minuten backen, bis die Biscuits hellbraun sind. Sofort vom Papier lösen. Falls die Biscuits am Papier festkleben, kann man die Rückseite

des Papiers mit Wasser einpinseln. Anschliessend lassen sie sich problemlos lösen.

Entweder:

Compôte von Äpfeln

4 Äpfel

Sud:
1/4 l Wein
150 ml Wasser
125 g Zucker
1/2 Zitrone, Saft und Schale
2 cm Zimtstange
2 Nelken

100 ml Weisswein

- Die Äpfel schälen, entkernen und halbieren.
- Die Zutaten für den Sud aufkochen. Die Apfelhälften mit der Schnittfläche nach unten hineinlegen, sie dürfen dicht nebeneinander, aber nicht aufeinander liegen. Zugedeckt knapp weich kochen.
- «Man nimmt sie vom Feuer, deckt den Deckel aber ja nicht auf, bis sie eine Zeitlang gestanden sind, weil die Äpfel durch das Kochen zerfallen, durch den Dampf des Deckels aber sich wieder zusammenziehen. Hierauf werden die Äpfel auf eine Platte gelegt.»

- Den Saft ganz einkochen, den Weisswein dazugeben, zu Sirup einkochen und über das Kompott giessen.

«Hat man etwas von Kirschen- oder Himbeersaft, so kann den Äpfeln damit Farbe gegeben werden», rät das Originalrezept.

Oder etwas ganz Spezielles:

Compôte von Quitten

«Die Birnen-Quitten sind besser zu einem Kompott, die Apfel-Quitten hingegen taugen besser zur Marmelade.»

1 kg Birnen-Quitten
¼ l Wein
150 g Zucker
1 Stück Zimt
½ Zitrone, Saft und Schale
3 Nelken
1 Orange, klein geschnittene Schale

- Die Quitten schälen und halbieren, die Kerne herauslösen und in ein Tüchlein binden.
- Die Quitten in siedendes Wasser legen und knapp weich kochen.
- Den Wein mit den Gewürzen aufkochen. Die Quitten zusammen mit dem Säcklein mit den Kernen hineinlegen und langsam fertig kochen. Wenn sie weich

sind, herausnehmen und in eine Schüssel legen. Den Sud zu einem kurzen Gelee kochen und darübergiessen. Darüber streut man die kleingeschnittene Orangenschale.

Als Konfekt:

Zuckerplätzchen

8 Eigelb
500 g Zucker
1 Esslöffel Rosenwasser
1 Kaffeelöffel Kardamom
1 Kaffeelöffel Zimt
8 Eiweiss
250 g Weissmehl
250 g Maisstärke

- Die Eigelb mit dem Zucker etwa 20 Minuten schaumig rühren, die Gewürze beifügen.
- Das Eiweiss zu Schnee schlagen und mit einem Spatel unter die Masse ziehen, gleichzeitig nach und nach Mehl und Maisstärke durch ein Sieb dazugeben.
- Ein Backblech mit Backpapier auslegen und die Masse dünn darauf ausstreichen. Bei 180 °C hellbraun backen (ca. 20 Minuten).
- «Wenn es gar ist, so kann man es in Stücke schneiden wie man es haben will, dann ein wenig antrocknen lassen und verwahren.»

ANHANG

Goethes Lebensdaten

Viele Werke (jeweils kursiv gesetzt), amtliche und private Reisen, Begegnungen und Beziehungen, Erkrankungen und Kuraufenthalte Goethes fehlen in dieser knappen Übersicht, die lediglich einer zeitlichen Zuordnung der in diesem Buch angesprochenen Themen dienen soll.

1749 Am 28. August in Frankfurt am Main geboren

1750 Am 7. Dezember Geburt der Schwester Cornelia

1755 Beginn des Privatunterrichts unter Aufsicht des Vaters

1759 Besetzung Frankfurts durch die Franzosen

1765 Beginn des Studiums in Leipzig, Kätchen Schönkopf

1768 Schwere Erkrankung, Rückkehr nach Frankfurt

1770 Fortsetzung des Studiums in Strassburg, Herder, Friederike Brion

1771 Zulassung als Rechtsanwalt, *Götz von Berlichingen*

1772 Praktikant in Wetzlar, Charlotte Buff

1774 Lahn- und Rheinreise mit Lavater und Basedow, Erbprinz Karl August, *Werther*, *Clavigo*

1775 Ver- und Entlobung mit Lili Schönemann, erste Schweizreise, Weimar, Charlotte von Stein

1776 Eintritt in den Staatsdienst von Sachsen-Weimar-Eisenach

1777 Tod der Schwester

1779 Ernennung zum Geheimen Rat, zweite Schweizreise mit Herzog Karl August, *Iphigenie auf Tauris*

1782 Tod des Vaters, Adelstitel durch Kaiser Joseph II.

1786 Heimliche Abreise von Karlsbad nach Italien

1787 Rom, Reisen nach Neapel und Sizilien

1788 Rückkehr nach Weimar, Entlastung von allen Regierungsgeschäften, Verbindung mit Christiane Vulpius, Schiller

1789 Geburt des Sohnes August, *Torquato Tasso*

1790 Reisen nach Venedig und nach Schlesien ins preussische Feldlager, Krakau, Czenstochau, *Metamorphose der Pflanzen*

1792 Mit Herzog Karl August Teilnahme an der Kampagne in Frankreich

1793 Als Beobachter bei der Belagerung von Mainz

1794 Beginn der Freundschaft mit Schiller, häufig bei den Jenaer Professoren

1796 *Wilhelm Meisters Lehrjahre*

1797 Dritte Schweizreise, letzter Besuch bei der Mutter in Frankfurt

1798 Kauf eines Gutes in Oberrossla bei Weimar

1802 Häufig in Jena, Zelter

1804 Ernennung zum Wirklichen Geheimen Rat

1805 Schwere Nierenkoliken, Tod Schillers

1806 Schlacht bei Jena, Besetzung Weimars durch die Franzosen, Heirat mit Christiane Vulpius, *Faust I*

1808 Tod der Mutter, mehrere Treffen mit Napoleon I.

1809 *Die Wahlverwandtschaften*

1811 *Dichtung und Wahrheit I*

1812 Begegnung mit Beethoven in Karlsbad, *Dichtung und Wahrheit II*

1813 Schlacht bei Leipzig, *Dichtung und Wahrheit III*

1815 Mit Freiherr von Stein von Nassau nach Köln, Ernennung zum Staatsminister des neuen Grossherzogtums Sachsen-Weimar-Eisenach

1816 Tod Christianes, *Italienische Reise I & II*

1817 August von Goethe heiratet Ottilie von Pogwisch

1818 Enkel Walter geboren

1820 Enkel Wolfgang geboren

1821 Begegnung mit Ulrike von Levetzow

1823 Herzbeutelentzündung, Eckermann

1827 Charlotte von Stein stirbt, Enkelin Alma geboren

1828 Tod des Erzherzogs Karl August

1829 Faust-Premiere in Braunschweig, *Wilhelm Meisters Wanderjahre, Italienische Reise*, zweiter römischer Aufenthalt

1830 Tod des Sohnes in Rom, *Dichtung und Wahrheit IV*

1831 *Faust II*

1832 Tod am 22. März

Die wichtigsten Quellen

Johann Wolfgang von Goethe: Ausgewählte Werke, 24 Bände, Leipzig o.J.

Hans Gerhard Gräf (Hrsg.): Goethes Briefwechsel mit seiner Frau, 2 Bände, Frankfurt a.M. 1916

Marcus Looft: Nieder-Sächsisches Kochbuch, Wolfenbüttel 1778

J. D. Knopf: Neues Hannöverisches Kochbuch, Hannover 1800

Sophia Juliana Weilerin: Augsburgisches Kochbuch, Augsburg 1810

August Erdmann Lehmann: Nützliches Buch für die Küche bey Zubereitung der Speisen, Dresden 1818

Carl Friedrich von Rumohr: Vom Geist der Kochkunst, Leipzig 1822 und Neuauflage 1922

F.L. Löfflerin: Oekonomisches Handbuch für Frauenzimmer, Stuttgart 1833

Henriette Davidis: Original Kochbuch für die gewöhnliche und feinere Küche, Berlin o. J.

Wilhelm Bode: Goethes Lebenskunst, Berlin 1902

Emil Ludwig: Goethe, 3 Bände, Berlin 1920

Thomas Mann: Lotte in Weimar, Stockholm 1944

Alois Wierlacher: Vom Essen in der deutschen Literatur, Stuttgart 1987

Christoph Michel (Hrsg.): Goethe, Sein Leben in Bildern und Texten, Frankfurt a. M. 1987

Peter Boerner: Johann Wolfgang von Goethe, Monographie, Hamburg 1994

Die Fotografien und Legendentexte sind mit freundlicher Genehmigung entnommen aus den beiden Bänden von Michael Ruetz: «Auf Goethes Spuren» sowie «Mit Goethe in der Schweiz», beide im Artemis Verlag.

Rezeptverzeichnis

Gemüse

Mehlspeisen und Eier

Saucen

Backwerk

Süssspeisen